Duden

SMS Schnell-Merk-System

Abi Geschichte

Dudenverlag
Berlin

Inhaltsverzeichnis

1 Die Aufklärung

Wichtige Personen

Philosophen	
John Locke (*1632, †1704) Charles de Montesquieu (*1689, †1755)	statt Absolutismus Gewaltenteilung: Verhinderung von Willkürherrschaft
Voltaire (*1694, †1778)	Vernunft: Maßstab des „aufgeklärten" Fürsten
Jean-Jacques Rousseau (*1712, †1778)	Freiheit des Einzelnen durch Unterwerfung unter den „allgemeinen Willen" (Gesellschaftsvertrag)
Immanuel Kant (*1724, †1804)	kategorischer Imperativ: „Handle so, dass die Maxime deines Willens jederzeit zugleich als Prinzip einer allgemeinen Gesetzgebung gelten kann."

„Aufgeklärte" Monarchen	
Friedrich II. von Preußen (*1712, †1786, König 1740–1786)	„Der Herrscher ist der erste Diener des Staates."
Joseph II. von Österreich (*1741, †1790, Kaiser 1765–1790)	Toleranzpatent (1781): freie Religionsausübung für Protestanten und Katholiken

1.1 Eine geistige Revolution

Mittelalterliches Weltverständnis

Der Mensch ist in eine unveränderliche, weil gottgewollte, gesellschaftliche Ordnung hineingeboren (Ständegesellschaft, ↑ S. 23).

- Der Mensch wird geleitet von christlichem Glauben und Kirche.
- Geschichte ist die „Bühne“ für Gottes Plan.

Aufklärung

Die Vernunft ist einziger Maßstab; der Mensch ist frei, zur Selbstbestimmung fähig und zum Guten veranlagt.

- Der Mensch ist ein autonomes Individuum.
- Geschichte ist vom Menschen der Vernunft gemäß zu gestalten.

Absolutismus

Im 17. und 18. Jh. in Europa verbreitete Herrschaftsform; der Monarch war das politische und gesellschaftliche Zentrum, von dem, als Gottesgnadentum, alle Macht ausging.

wichtiger Vertreter:

- Ludwig XIV. („Sonnenkönig“)

Merkmale:

- Herrscher ist nicht an die Gesetze gebunden,
- prunkvolle Hofhaltung, die den Adel an den Herrscher band,
- zentralistische Regierung und Verwaltung,
- stehendes Heer.

Aufgeklärter Absolutismus

Einige Monarchen des 18. Jh. milderten ihre absolutistische Herrschaftsweise durch die Aufnahme aufklärerischen Gedankenguts und erstrebten eine Steigerung des Wohls ihrer Untertanen.

wichtige Vertreter:

- Friedrich II. von Preußen
- Joseph II. von Österreich

Merkmale:

- Herrscher ist an die Gesetze gebunden,
- Reformen mit dem Ziel der Gleichbehandlung aller Untertanen,
- Einführung von Rechtsgleichheit.

Einordnung der Aufklärung

Sie erstreckte sich vom 17. bis 19. Jh. von Westeuropa bis Russland. Ihre Wurzeln hatte sie in der Renaissance, dem Humanismus und dem Rationalismus des 17. Jh.

1.2 Wichtige Vertreter

Locke und Montesquieu

Beide propagierten eine Aufteilung der Staatsgewalt auf sich wechselseitig kontrollierende und voneinander unabhängige Personen(gruppen) zur Verhinderung ihres Missbrauchs:
Locke: gesetzgebende und ausführende Gewalt,
Montesquieu: Legislative, Exekutive, Judikative (richterliche Gewalt).

Voltaire, Rousseau und die Enzyklopädisten

Voltaire: Er wollte über eine geistige Revolution Fürsten zur Gerechtigkeit erziehen. Geschichte sollte begriffen werden als ein auch von den Menschen gestaltetes Werk. **Rousseau** verfocht die Freiheit und Gleichheit aller (↑S. 9). Die **Enzyklopädisten** (bekanntester Vertreter Denis Diderot, (*1713, †1784) stellten das gesamte ihnen zugängliche Wissen zusammen, um den Untertanen durch „Aufklärung" geistig zu befreien.

Kant

1784 beantwortete er die Frage „Was ist Aufklärung?" so: „Aufklärung ist der Ausgang des Menschen aus seiner selbst verschuldeten Unmündigkeit." Mündigkeit bedeutet für ihn Eigenverantwortlichkeit, Handeln nach der alleinigen Maßgabe der Vernunft, Lösung von Bindungen an Tradition und Glaube. Optimistisch setzte auch Kant auf eine „Aufklärung von oben" durch Monarchen.

Frage: *Was ist der Gesellschaftsvertrag, von wem stammt er?*
Antwort: Er ist ein Kernelement in der Philosophie des Aufklärers Jean-Jacques Rousseau.

Frage: *Was ist die Grundlage von Rousseaus Philosophie?*
Antwort: Er geht davon aus, dass jeder Mensch von Natur aus gut sei. Der auf Gemeinschaft angelegte Mensch lasse sich als Gesellschaftswesen von Gerechtigkeitsempfinden, sozialen Tugenden, Vernunft und Gewissen leiten.

Frage: *Wie kann der Mensch diesen Anlagen entsprechen?*
Antwort: Durch Unterwerfung unter den „allgemeinen Willen“ (volonté générale), das universale Sittengebot, das Rousseau in einem fiktiven Gesellschaftsvertrag wirken sieht, den jeder befolgt.

Frage: *Wie ermittelt man den „allgemeinen Willen“? Ist er etwa die Abgabe aller Stimmen für eine Wahlmöglichkeit oder die absolute oder relative Stimmenmehrheit?*
Antwort: Hier gibt Rousseau die paradoxe Antwort, dass der „allgemeine Wille“ gerade nicht der „Wille aller“ sei. Denn der „Wille aller“ ist auf Privatinteressen ausgerichtet. Der „allgemeine Wille“ ist nicht an eine numerische Mehrheit gebunden, sondern die Entscheidung für das moralisch Richtige.

Frage: *Kann dieses Konzept missbraucht werden?*
Antwort: Gerade die Idee des „allgemeinen Willens“ ist von totalitären Systemen und Diktatoren (Robespierre, Stalin, Hitler) vereinnahmt worden, die ihren Willen mit dem „allgemeinen Willen“ gleichsetzten.

2 Die Englische Revolution

Wichtige Daten

1625 Karl I. Stuart wird König	gegen religiöse und politische Tradition: Katholik und Absolutist
1628 Petition of Right	Bittschrift des Parlaments: Sie schreibt sein Budgetrecht und den Verzicht auf willkürliche Verhaftung fest.
1642–1648/49 Bürgerkrieg zwischen Krone und Parlament	Karl I. unterliegt den schottischen Truppen und Cromwells Heer.
1649 Hinrichtung Karls I.	Verhinderung des Absolutismus
1649–1660 Das Commonwealth: puritanische Republik	Verfolgung der Katholiken in Irland und Schottland
1653–1658 Cromwell regiert als Lord Protector	faktische Alleinherrschaft im Interesse des Bürgertums
1660–1688 Restauration der Stuarts	Krone und anglikanische Staatskirche gegen Puritaner und Parlament
1679 Habeas-Corpus-Akte	Gesetz: Es schützt Bürger vor willkürlicher Verhaftung.
1688/89 Glorious Revolution	Sturz Jakobs II., Wilhelm von Oranien landet in England
1689 Bill of Right	neues Staatsgrundgesetz: Es begrenzt die Macht des Königs.

2.1 Herrschaft der Stuarts

Von den Tudors zu den Stuarts

Heinrich VIII. Tudor (1509–1547) und seine kinderlose Tochter **Elisabeth I.** (1558–1603) hatten im Bündnis mit dem Parlament den Aufstieg Englands zur Großmacht eingeleitet. Heinrich VIII. hatte zudem die englische Kirche von Rom getrennt. Mit der Suprematsakte (1534) wurde der englische König zum Oberhaupt der anglikanischen Staatskirche. 1603 bestieg der Stuart Jakob VI., König von Schottland, als **Jakob I.** den englischen Thron, obwohl er katholisch war.

Aufgaben des englischen Parlaments bis zum Bürgerkrieg

1215 Magna Charta Libertatum
König bestätigt die politischen Rechte des Adels

↓

seit 1300 Reichsversammlungen

↓ ↓

House of Lords	House of Commons
seit ca. 1350 nachweisbar vertritt: hohe Geistlichkeit, hohen Adel Mitglieder vom König ernannt Funktion: oberster Gerichtshof	seit ca. 1350 nachweisbar vertritt: niedrigen Landadel, Städte Mitglieder von Nicht-Adeligen gewählt Funktion: Steuerbewilligung

Die Herrschaft Karls I. bis zum Bürgerkrieg (1625–1642)

Jakobs ebenfalls katholischer Sohn **Karl I.** (*1600, †1649) wurde 1628 vom Parlament gezwungen, die **Petition of Right** (↑S. 10) anzuerkennen; ein Jahr später suspendierte er jedoch das

Parlament für elf Jahre und regierte fortan mithilfe der anglikanischen Bischöfe.

Bürger, Puritaner und Schotten gegen den König

Damit machte er sich die Puritaner (auch Dissenters genannt, (↑S. 13) zu Feinden. Auch die städtischen Bürger verstimmte er durch die Erhöhung von Zöllen und Abgaben und die Intensivierung der königlichen Gerichtsbarkeit zu Ungunsten der städtischen. Der Versuch, die anglikanische Kirche in Schottland einzuführen (1637), führte zu einem Aufstand der presbyterianisch (↑S. 13) organisierten Schotten.

Einberufung des „Langen Parlaments“ (1640)

1640 musste Karl I. das Parlament wieder einberufen: Er benötigte Finanzmittel für den Krieg gegen die Schotten, die in Nordengland eingefallen waren. Das Lange Parlament (bis 1653) trotzte dem König Zugeständnisse ab, die auf eine **Parlamentarisierung der Monarchie** hinausliefen.

2.2 Bürgerkrieg (1642–1648)

Oppositionelle Parteien

König	↔	Parlament
Hochadel	↔	Handel treibendes Bürgertum
anglikanische Kirche	↔	Puritaner

1642 kam es zum Bürgerkrieg. Die **kriegsentscheidenden Faktoren** waren:

- Die finanzstarken Städte finanzierten das Parlamentsheer.
- Oliver Cromwell (*1599, †1658), ein calvinistischer Landedelmann, bildete eine Elitetruppe (Ironsides, „Eisenseiten“).
- Schottland unterstützte ab 1643 das Parlament.

Der Bürgerkrieg endete mit der **Abschaffung der Monarchie** durch das Parlament (Hinrichtung Karls I. am 30. 1. 1649).

2.3 England als Republik (1649–1660)

Innenpolitische Entwicklung

- England wurde von einem von Königsanhängern „gesäuberten" Rumpfparlament regiert. Das Oberhaus (House of Lords) wurde abgeschafft.
- Es gab verschiedene Verfassungsexperimente mit Machtverschiebungen zwischen Cromwell, Staatsrat und Parlament.
- Cromwell löste das Parlament 1653 auf und gab sich den traditionellen Titel eines Regenten: Lord Protector; de facto Alleinherrschaft Cromwells, gestützt auf das Heer und das Bürgertum.

Unterschiedliche religiöse Gruppen

Puritaner (von lat. purus „rein")/ Dissenters	**Independenten** (Unabhängige)	**Presbyterianer** (von griech. presbyteros „der Ältere")
■ Anhänger Cromwells ■ Ziel: Reinigung der englischen Kirche vom Katholizismus	■ erst Anhänger, später Gegner Cromwells ■ Ziel: radikale Autonomie der einzelnen Gemeinden ■ wandern nach Neuengland aus	■ schottische Puritaner ■ Gegner der Stuarts und Cromwells ■ Ziel: Abschaffung der bischöflichen Kirchenleitung
gemeinsame Triebfeder ■ Ablehnung der anglikanischen Staatskirche ■ Kampf für kirchliche Selbstbestimmung		

Außenpolitische Entwicklung

- **Navigationsakte** (1651): Beschränkung des Zwischenhandels zwischen Erzeugerländern und England auf englische Schiffe, dadurch Ausschaltung der holländischen Konkurrenz.
- **Seekrieg mit Holland** (1652–1654) und **Krieg gegen Spanien** (1654–1660): Aufstieg Englands zur größten See- und Handelsmacht.

2.4 Rückkehr zur Monarchie (1660)

Karl II. (1660–1685) und Jakob II. (1685–1688)

Nach dem **Tod Cromwells** (1658) riefen Parlament und Armee den Sohn Karls I. zurück. **Karl II.** (* 1630, † 1685) verfolgte wie sein Bruder und Nachfolger **Jakob II.** (* 1633, † 1701) einen absolutistischen Kurs; die Monarchie war jedoch wegen ihrer Niederlage im Bürgerkrieg geschwächt.

Erweiterung der Parlamentsrechte

Dies ermöglichte dem Parlament, seine Macht zu erweitern:

- Gesetzgebung nur mit seiner Mitwirkung,
- Kontrolle über die anglikanische Staatskirche, Benachteiligung der Puritaner (ca. ⅓ der Bevölkerung)
- Auswanderung in die Kolonien (↑ S. 17)

Der König konnte nur noch mittelbaren Einfluss über Ämterpatronage ausüben. 1679 erreichte das Unterhaus die Einwilligung des Königs zur **Habeas-Corpus-Akte.**

▶ **Habeas-Corpus-Akte (1679)**

Sie bestimmt, dass kein englischer Untertan ohne gerichtliche Untersuchung in Haft gehalten werden darf.

2.5 „Glorious Revolution“ (1688/89)

Tories und Whigs rufen Wilhelm von Oranien

Die Auseinandersetzung zwischen König und Parlament hatte zwei führende politische Gruppen hervorgebracht:

Tories	Whigs
Anhänger der Stuarts ■ vertraten den konservativen Landadel ■ verfochten die ungeschmälerten Rechte der Krone	Gegner der Stuarts ■ vertraten Kaufleute und wohlhabende Städter ■ verfochten das Recht auf Widerstand gegen die Übergriffe des Königs

Als die Neigung Jakobs II. zu Katholizismus und Absolutismus (↑S. 7) immer deutlicher wurde, baten sieben führende Tories und Whigs **Wilhelm III. von Oranien** (*1650, †1702), den Statthalter der Niederlande, um Hilfe. Als überzeugter **Protestant** und energischer **Gegner Frankreichs** erschien er beiden Gruppen als geeigneter Monarch. Da Jakob II. nach Frankreich floh, siegte die Glorious Revolution ohne einen Tropfen Blut.

Ein neues Staatsgrundgesetz

Das Unterhaus hatte sich seine Rechte von Wilhelm und seiner Frau Maria anerkennen lassen, bevor es die Krone vergab. Die **Bill of Right** von 1689 legte fest, dass das Parlament gemeinsam mit dem König der Souverän sei. Sie begrenzte die Macht des Königs und festigte die Stellung des Parlaments.

▶ **Bill of Right (23.10.1689)**

Der König ist an das vom Parlament geschaffene Gesetz gebunden. Das Unterhaus verfügt über das Steuerbewilligungsrecht und ordnet allein die Aufstellung des Heeres an.

3 Die Amerikanische Revolution

Wichtige Daten

1607 Gründung von Jamestown (Virginia)	Beginn der Ansiedlung von Briten an der Atlantikküste
1608 Franzosen gründen die Stadt Quebec	Beginn der französischen Kolonisation im heutigen Kanada und am Mississippi (Louisiana)
1626 Holländer gründen Neu Amsterdam (heute New York)	Beginn der Anlage von Handelsstützpunkten
1756–63 britisch-französischer Krieg 1772 Boston Massacre	Ausschaltung Frankreichs als Kolonialmacht in Nordamerika
1773 Boston Tea Party	Auftakt zur Revolte der britischen Kolonien
1775–83 Unabhängigkeitskampf der britischen Kolonien	Krieg zur Abwehr der Hoheitsansprüche des Mutterlandes
1776 Unabhängigkeitserklärung der 13 Kolonien	Berufung auf Volkssouveränität und Menschenrechte
1783 Frieden von Paris	England erkennt die Unabhängigkeit der 13 Kolonien an.
1787 Verfassung der USA	Erstmals organisiert sich eine Nation selbst durch eine Verfassung.

3.1 Vorgeschichte und Beginn der Revolution

Seit dem 15. Jh. hatten Spanien, Portugal, Holland, Frankreich und England aus ökonomischen Motiven die Besiedlung Amerikas betrieben. Den Entdeckern und Kaufleuten folgten die Auswanderer, die der Armut, sozialen Ungleichheit und religiösen Intoleranz Europas den Rücken kehrten.

Bis zur Mitte des 18. Jh. hatte sich in den 13 Neuenglandkolonien an der Ostküste Nordamerikas ein Bewusstsein ihrer Selbstständigkeit ausgebildet.

Ursachen für das Unabhängigkeitsstreben

politische Eigenständigkeit der Kolonisten
- Die Kolonisten wählten die Gouverneure der Kolonien (bis auf 7, wo sie vom König ernannt wurden).
- Ein Bürger besaß das Wahlrecht ab einem Mindestbesitz an Land.

mentale Eigenständigkeit der Kolonisten
- tiefe Religiosität der in der Alten Welt wegen ihres Glaubens oft verfolgten Auswanderer (katholische Iren, Puritaner, ↑ S. 13)
- „frontier spirit“ (Wagemut, Risikobereitschaft), den der Überlebenskampf in der Neuen Welt forderte

ökonomische Dominanz des Mutterlands in den Kolonien
- englisches Handelsmonopol auf Fertigwaren und Rohstoffe
- Ausbeutung der Rohstoffvorkommen
- Anlage von Monokulturen (Tee, Tabak) nach englischen Bedürfnissen

Die wachsende britische Einwanderung verstärkte den Druck auf die französischen Kolonialgebiete östlich des Mississippi und um die Großen Seen und führte zu ständigen Grenzstreitigkeiten. Diese entluden sich im **britisch-französischen Kolonialkrieg,** den England gewann. Im Frieden von Paris erhielt es 1763 Kanada, zudem betrachtete es Louisiana als sein Eigentum.

Als Folge des Krieges wuchsen die **Spannungen zwischen dem Mutterland und den Kolonisten.**

	Mutterland	Kolonisten
Standpunkt	▪ Tilgung der Kriegsschulden über Steuern aus den Kolonien ▪ Demonstration des Hoheitsanspruchs	▪ Ablehnung von ökonomischer Belastung ▪ Demonstration der politischen Eigenständigkeit
Vorgehen	▪ Stempelsteuer (1765) auf Urkunden und Druckerzeugnisse; Erhöhung der Einfuhrzölle; Einführung indirekter Sondersteuern ▪ Das englische Parlament betont sein Recht, bindende Gesetze für die Kolonien zu erlassen. ▪ Einquartierung von englischem Militär	▪ Boykott englischer Waren; Übergriffe auf Steuereinnehmer und Verwaltungsbeamte ▪ Forderung nach eigenen Vertretern im englischen Parlament („no taxation without representation“) ▪ Agitation für eine Loslösung von England

Um die Spannungen zu vermindern, hob das englische Parlament die Steuern und Abgaben auf; übrig blieb ein niedriger Teezoll, den die Kolonisten durch die illegale Einfuhr von niederländischem Tee umgingen.

Das Signal von Boston

Mit dem „Tea Act" vom Mai 1773 heizte die britische Regierung den Konflikt erneut an. Er gestattete der East India Company verbilligte Teeimporte nach Amerika; die Kolonisten fürchteten als Folge ein englisches Teemonopol und reagierten Mitte Dezember mit der sog. **Boston Tea Party.** England erklärte die Kolonisten daraufhin zu Rebellen und schickte Truppen.

3

Boston Tea Party (16.12.1773)

Als Protest gegen die britische Politik werfen Mitglieder der Geheimorganisation „Sons of Liberty" 342 Teekisten von englischen Handelsschiffen in das Bostoner Hafenbecken.

3.2 Unabhängigkeitskrieg: die Entstehung der USA (1775–1789)

Der Unabhängigkeitskrieg war der erste Krieg in der Neuzeit, den ein Volk und nicht eine Regierung führte.

1775	2. Kontinentalkongress (Mai): Abgesandte der 13 Kolonien beschließen die Aufstellung einer Kontinentalarmee, Oberbefehl: George Washington (*1732, †1799).
1776	**Unabhängigkeitserklärung der 13 Kolonien** (4. 7.)
1778	Frankreich schließt mit den Kolonien einen Allianzvertrag (6. 2.) und beginnt am 7. Juni den Krieg gegen England, Spanien schließt sich 1779 an.
1783	Frieden von Paris: England anerkennt die amerikanische Union (Konföderation der 13 Kolonien)
1787	In Philadelphia tritt ein Verfassungskonvent zusammen.
1789	George Washington wird zum ersten Präsidenten der Vereinigten Staaten von Amerika gewählt.

Amerikanische Unabhängigkeitserklärung und Verfassung der USA

Die Unabhängigkeitserklärung der 13 britischen Kolonien

„Folgende Wahrheiten halten wir für selbstverständlich: dass alle Menschen gleich erschaffen sind; dass sie von ihrem Schöpfer mit gewissen unveräußerlichen Rechten begabt sind; dass dazu Leben, Freiheit und Streben nach Glück gehören; dass zur Sicherung dieser Rechte Regierungen eingesetzt werden, die ihre rechtmäßige Macht von der Zustimmung der Regierten herleiten; dass, sobald eine Regierungsform sich für diese Zwecke als schädlich erweist, es das Recht des Volkes ist, sie zu ändern oder abzuschaffen und eine neue Regierung einzusetzen …“

Thomas Jefferson (*1743, †1826), Unabhängigkeitserklärung (4.7.1776) aus: Teubners Quellensammlung, Bd.: USA, Leipzig 1924, S. 21

Die Verfassung der Vereinigten Staaten von Amerika

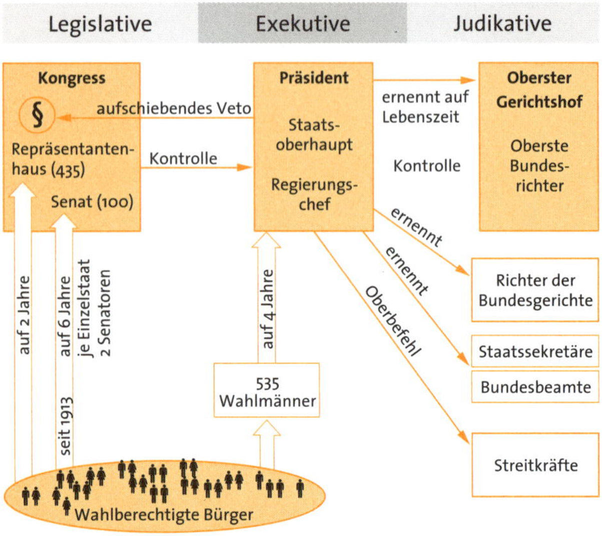

Die weitere Entwicklung des Wahlrechts

1789	Wahlrecht für 10% der männlichen Erwachsenen
1830	Wahlrecht für Besitzlose
1868	Wahlrecht für alle männlichen Bürger über 21 Jahre, jedoch erhebliche Einschränkungen für Indianer und Schwarze
1920	Wahlrecht für Frauen über 21 Jahre
1924	Volles Bürgerrecht für Indianer
1964	Alle noch existierenden Formen von Wahlrechtsbeschränkungen werden verboten
1971	Herabsetzung des Wahlalters auf 18 Jahre

Die Prinzipien der Verfassung

- Garantie unveräußerlicher Menschenrechte nach der Vertragstheorie von Locke (↑ S. 8),
- Selbstregierung der Nation (Demokratie) nach dem Prinzip der Volkssouveränität von Rousseau (↑ S. 8),
- Gewaltenteilung nach Montesquieu (↑ S. 8),
- Wahl zu allen Staatsämtern,
- Trennung von Staat und Kirche,
- marktwirtschaftliche Organisation der Wirtschaft nach der Freihandelslehre von Adam Smith (↑ S. 56).

Die Bedeutung der Verfassung

Die Bürger der Vereinigten Staaten von Amerika verwirklichten mit der Unabhängigkeitserklärung, in ihrer Verfassung und auch mit der Wirtschaftsform die Prinzipien der Aufklärung und des Liberalismus. Die Umsetzung dieser Ideen war, gemessen an der absolutistischen Ständegesellschaft (↑ S. 23), die zur gleichen Zeit in Europa bestimmend war, revolutionär.

4 Die Französische Revolution

Wichtige Daten

17. 6. 1789 Dritter Stand wird Nationalversammlung	erstmals Abstimmung nach Köpfen statt nach Ständen
20.06.1789 Ballhausschwur	
14. 7. 1789 Sturm auf die Bastille	Zerstörung des Sinnbilds des Absolutismus
4. 8. 1789 Verzicht des Adels auf seine Privilegien	Auflösung des zweiten Stands
26. 8. 1789 Erklärung der Menschen- und Bürgerrechte	Grundlage: aufgeklärtes Menschenbild nach amerikanischem Vorbild
12. 7. 1790 Zivilverfassung des Klerus	Auflösung des ersten Stands
1791 Frankreich wird konstitutionelle Monarchie	Verfassung verbindet Gottesgnadentum und Volkssouveränität
1793/94 „Republik der Tugend“	Schreckensherrschaft der Jakobiner
1795–99 Direktorium	Macht beim Besitzbürgertum
1799 Staatsstreich Napoleons	Ein General greift nach der politischen Macht.
1804 Napoleon wird „Kaiser der Franzosen“	Rückkehr zur Monarchie
1804 Einführung des Code civil	fortschrittliches Zivilgesetzbuch

4.1 Krise des Ancien Régime

Ludwig XVI. (*1754, †1793) musste 1774 bei seinem Regierungsantritt infolge der Ausgaben für die absolutistische Hofhaltung und für Kriegführung den **Staatsbankrott** erklären. Er unternahm mehrere Versuche, die Staatsfinanzen zu sanieren, Handel und Gewerbe zu liberalisieren und die Steuerbelastung gerechter zu verteilen. Sie scheiterten jedoch am Widerstand konservativer Adliger. 1788/89 führten zudem ein strenger Winter, Missernten und der daraus resultierende Anstieg der Brotpreise zu einer **Hungersnot in Stadt und Land.**

Merkmale des Ancien Régime

Regierungsform:	absolutistische Monarchie (↑ S. 7)
Wirtschaftsordnung:	staatliche Eingriffe, Kapitalismus in den Städten, Feudalordnung auf dem Land
Gesellschaftsordnung:	sozial und ökonomisch zersplitterte Ständegesellschaft:

1. Stand: Klerus	■ hohe Geistlichkeit: Bischöfe, Prälaten; reich ■ niedrige Geistlichkeit: Dorfpfarrer; arm
2. Stand: Adel	■ Geburtsadel (Schwertadel): Hofämter und hohe Positionen in Verwaltung und Heer ■ Geldadel (Amtsadel): reiche Bürgerliche, die sich in den Adelsstand eingekauft hatten; wollten dem Schwertadel gleichgestellt werden ■ niedriger Adel; oft verarmt
3. Stand: städtische Bürger und Bauern	■ Bürger: Kaufleute, Krämer, Handwerker, Unterschicht; ■ Bauern: vom wohlhabenden Gutsbesitzer bis zum bettelarmen Kätner und Tagelöhner; 98% der Bevölkerung.

4.2 Erste Phase: Errichtung der konstitutionellen Monarchie (1789–1791)

Mit der **Einberufung der Generalstände** (Ständevertretung mit Recht der Bewilligung außerordentlicher Steuern), die seit 1614 nicht mehr zusammengetreten waren, gestand die Regierung ihr Versagen ein. Die bislang getrennte Abstimmung nach Ständen gab dem dritten Stand kein angemessenes Gewicht, auch wenn der König die Zahl seiner Vertreter verdoppelte. In Flugschriften wurde die Abstimmung nach Köpfen gefordert. In sog. **Cahiers de doléances** (Beschwerdehefte) erhoben Gemeinden, Zünfte und Einzelpersonen weitere Forderungen.

Cahiers de doléances

Kritik an:

- Feudallasten (Frondiensten und Abgaben),
- der Steuerlast, besonders der Befreiung von Klerus und Adel von der „taille“, der wichtigsten direkten Steuer,
- dem uneinheitlichen Rechtswesen,
- dem Absolutismus.

Forderungen nach:

- regelmäßiger Volksvertretung (Steuerbewilligung und Zustimmung zu Gesetzen),
- Beschränkung der Macht des Königs und seiner Beamten,
- Abschaffung des Ständestaats,
- einer Verfassung.

Ausbruch der Revolution (1789)

Die zögerliche Haltung der Regierung hinsichtlich des Abstimmungsmodus führte zum Ausbruch der Revolution:

17. 6. 1789	Die Vertreter des dritten Stands erklären sich gegen den Willen des Königs zur **Nationalversammlung** (ständeunabhängiges Parlament).
19. 6. 1789	Der erste Stand schließt sich mit knapper Abstimmungsmehrheit der Nationalversammlung an.
20. 6. 1789	Die Nationalversammlung schwört, nicht auseinander zu gehen, bevor eine Verfassung zugestanden worden sei **(Ballhausschwur).**
27. 6. 1789	Der König gibt nach und befiehlt den Vertretern aller drei Stände, sich zu vereinigen.

Die **verfassunggebende Nationalversammlung** vertrat nun keine Stände mehr, sondern die französische Nation und forderte als Repräsentation des gesamten Volks die Souveränität.

Sturm auf die Bastille (14. 7. 1789)

Steigende Lebensmittelknappheit und Gerüchte über eine vom König geplante Auflösung der Nationalversammlung führten zum Aufruhr der Pariser Bürger: Sie übernahmen die Selbstverwaltung der Hauptstadt und stellten eine Nationalgarde auf. Die unter dem Einfluss radikaler Revolutionäre stehenden Massen erstürmten am 14. Juli die Bastille, die als Staatsgefängnis die absolutistische Herrschaft symbolisierte. Der König versuchte in Paris, sich an die Spitze der Revolution zu stellen. Nach dem Pariser Vorbild entstanden im ganzen Land autonome, sich selbst verwaltende Gemeinden („Kommunen").

Bauernaufstände

Auf dem Land erhoben sich seit Beginn des Jahres Bauern. Ihr Ziel war die Vernichtung der Urkunden, die die Feudalordnung bestätigten. Diese Aufstände verbreiteten eine – übertriebene – Furcht auch bei den vermögenden Städtern und verursachten eine erste Emigrationswelle des Adels.

Der Weg zur konstitutionellen Monarchie

Die Abgeordneten der Nationalversammlung wollten die Radikalisierung der Revolution in den Städten und auf dem Land in konstitutionelle Bahnen lenken:

4./5.8.1789	Die Nationalversammlung beschließt die Abschaffung der Feudalordnung und die Bauernbefreiung. Mit dem Verzicht des Adels auf seine Vorrechte löst sich der zweite Stand auf.
26.8.1789	Die Nationalversammlung verkündet die „Erklärung der Menschen- und Bürgerrechte", angelehnt an die Amerikanische Revolution (↑ S. 20).

Die durch Teuerung, Arbeitslosigkeit und Furcht vor einer Gegenrevolution radikalisierten Pariser Massen holten am 5./6.10.1789 das Königspaar und die Nationalversammlung von Versailles nach Paris, um sie unter ihre Kontrolle zu bringen. Die Revolution setzte sich fort.

Erklärung der Menschen- und Bürgerrechte (26.8.1789)

Der Mensch besitzt vorstaatliche natürliche Rechte.
Die Bürger haben Anspruch auf „liberté", „égalité", „fraternité".

liberté:	„Freiheit" des Individuums
égalité:	„Gleichheit" der Bürger vor dem Gesetz
fraternité:	„Brüderlichkeit" aller Menschen

Antiklerikale Maßnahmen

Im Juli 1790 wurde die sog. **Zivilverfassung des Klerus** beschlossen: Mit der Aufhebung der Orden und Klöster und der Wahl der Priester wurde die Kirche verstaatlicht; der erste Stand war abgeschafft. Die Priester wurden zum Eid auf die Verfassung gezwungen, dem sich viele durch Flucht entzogen.

Ende 1789 waren bereits die Kirchen-, Kron- und Emigrantengüter zur Deckung der Staatsschulden eingezogen worden.

Gewaltenteilung als Verfassungsgrundsatz

Im Sommer 1791 wurde der König bei einem Fluchtversuch ergriffen und in die Hauptstadt zurückgebracht. Er schwor zwar den Eid auf die von der Nationalversammlung kurz zuvor ausgearbeitete Verfassung, hatte aber seine Glaubwürdigkeit verspielt.

Die Verfassung von 1791

Legislative	beim **Parlament:** Zensuswahlrecht, dadurch Bevorzugung des Besitzbürgertums (4,5 Millionen männliche Aktivbürger)
Exekutive	beim **König:** legitimiert „durch Gottes Gnaden und die Verfassungsgesetze", an die Verfassung gebunden, eingeschränkt durch die Selbstverwaltung der Départements; gewählte Behörden statt königlicher Beamten
Judikative	**Geschworenengerichte:** auf Zeit gewählte Laienrichter

4.3 Zweite Phase: Krieg, Republik und Terrorherrschaft (1791–1795)

Im Herbst 1791 überwogen unter den 745 Abgeordneten in der neu gewählten „gesetzgebenden Nationalversammlung" bereits die Republikaner. Auf der einen Seite stand der politische Klub der noch in der Minderheit befindlichen **Jakobiner** (ca. 30 Mitglieder). Auf der anderen Seite standen die noch die Mehrheit bildenden gemäßigten liberalen **Girondisten** (ca. 250) und die königstreuen Feuillants (ca. 20).

	Jakobiner	Girondisten
Haltung	radikale Demokraten	Liberale
Ziel	Republik	konstitutionelle Monarchie
Anhänger	Kleinbürger und Arbeiter	Besitzbürger
Erkennungszeichen	rote Mützen, lange Hosen („Sansculotten“)	Kniebundhosen
Anführer	Jean-Paul Marat, Georges Jacques Danton, Maximilien de Robespierre	Jacques Pierre Brissot, Pierre Vergniaud, Jean Marie Roland

Die Reaktion des Auslands: die Koalitionskriege

Ludwig XVI. hatte mit ausländischen Monarchen konspiriert, um die Revolution niederzuschlagen. Zugleich machten emigrierte französische Adlige Stimmung gegen das revolutionäre Frankreich. Bei den europäischen Fürsten kam Furcht vor einem Übergreifen der Revolution auf ihre Staaten auf und der deutsche Kaiser und der preußische König begannen mit Kriegsvorbereitungen:

27.8.1791 Die **Pillnitzer Erklärung** droht eine Intervention in Frankreich an; formuliert von Kaiser Leopold II. von Österreich (1790–92) und König Friedrich Wilhelm II. von Preußen (1786–1797) unter Mitwirkung der emigrierten Brüder des französischen Königs.

20.4.1792 Die französische Nationalversammlung spricht **gegenüber Österreich die Kriegserklärung** aus.

In Frankreich fürchteten die Massen eine Konterrevolution und die Girondisten befürworteten den Krieg: Sie wollten von inneren Problemen (Hunger, Inflation, Arbeitslosigkeit) ablenken und die Revolution in die noch absolutistisch regierten Länder exportieren.

Die Koalitionskriege im Überblick

In vier Kriegen (1792–1807) kämpften verschiedene Fürsten in wechselnden Koalitionen gegen das revolutionäre Frankreich:

1. Koalitionskrieg	1792–97: Österreich, Preußen, Großbritannien u. a.
2. Koalitionskrieg	1798–1801/02: Großbritannien, Österreich, Russland (bis 1799), Portugal u. a.
3. Koalitionskrieg	1805: Großbritannien, Russland, Österreich u. a.
4. Koalitionskrieg	1806/07: Preußen, Kursachsen, Russland

Ergebnis:
Sie verliefen siegreich für die französischen Truppen und führten zu beträchtlichen Gebietsgewinnen Frankreichs.

Der militärischen Bedrohung begegneten die Revolutionäre mit der **„levée en masse“**, dem revolutionären Krieg des ganzen Volkes. Das Bewusstsein, für „Freiheit, Gleichheit und Brüderlichkeit“ zu kämpfen, setzte Energien frei, denen die **Söldnerheere der Gegner** nicht gewachsen waren. Offene Entscheidungsschlachten, bewegliche Operationen, Selbstversorgung der Truppen waren der herkömmlichen Ermattungsstrategie, dem Angriff mit geschlossener Front und der Magazinverpflegung (Mitführung von Proviant) überlegen.

Frankreich wird Republik (1792/93)

Als preußische und österreichische Truppen vor Paris erschienen und der preußische Feldherr am 25. Juli 1792 drohte, Paris zu vernichten, wenn sich die Revolutionäre an der königlichen Familie vergriffen, war der König als Verräter entlarvt. Aufgebrachte Pariser stürmten das königliche Schloss in den

Tuilerien (10. 8. 1792), der König floh in die Nationalversammlung, wurde dort aber verhaftet. Die Nationalversammlung beschloss nun die **Wahlen zu einem Nationalkonvent.** Er wurde nach allgemeinem Wahlrecht gewählt und hatte die Aufgabe, eine neue republikanische Verfassung auszuarbeiten.

21. 9. 1792	**Abschaffung der Monarchie** durch den Nationalkonvent
21. 1. 1793	**Hinrichtung des Königs** nach Nachweis konspirativer Kontakte zum Ausland

Schreckensherrschaft der Jakobiner 1793/94

Der durch den Krieg verschlechterten Wirtschaftslage wollten die Jakobiner mit Zwangswirtschaft begegnen, die Girondisten wollten Wirtschaftsfreiheit und Privateigentum der Bürger bewahren. Diese Gegensätze führten zum **Staatsstreich der Jakobiner** im Juni 1793:

- Verhaftung und Hinrichtung der führenden Girondisten (31. 5. – 2. 6. 1793) auf Betreiben Marats (*1743, †1793).
- Ausschluss der Girondisten aus dem Konvent.
- Unter dem Druck der Straße und „gereinigt“ von politischen Gegnern, räumte der Konvent der Regierung diktatorische Vollmachten ein.
- Diese wurden vom sog. **Wohlfahrtsausschuss** ausgeübt; Mitglieder: Robespierre (*1758, †1794/Vorsitzender), Danton (*1759, †1794), Louis Saint-Just (*1767, †1794), Lazare Carnot (*1753, †1823) u. a.

Der Ausschuss errichtete unter Berufung auf Rousseau eine Schrecken erregende **„Republik der Tugend“.** Robespierre und seine Anhänger wurden am „9. Thermidor II“ (27. 7. 1794) gestürzt und am darauf folgenden Tag hingerichtet.

„Republik der Tugend“

- Verbot aller politischen Klubs (außer Jakobiner),
- Verhängung einer Zensur,
- Verhaftungen (300–500 000), Hinrichtungen (35–40 000)
- antireligiöse Maßnahmen, z. B. Schließung von Kirchen und Einführung des Kults der Vernunft,
- neue Zeitrechnung (22. 9. 1792: 1. Tag des Jahres 1),
- Verkündung der allgemeinen Wehrpflicht,
- Erlass (Okt. 1793) einer radikalen republikanischen Verfassung mit sozialen Grundrechten (z. B. Unterricht für alle, Recht auf Arbeit, Unterstützung für Arme und Kranke), Aufhebung der Gewaltenteilung und Zulassung von Plebisziten für jedes Gesetz (trat nie in Kraft).

4

4.4 Dritte Phase: Übergang zur autoritären Regierung (1795–1799)

Die Zerschlagung der Jakobinerdiktatur führte zu einer Staats- und Gesellschaftsform, die wieder den Interessen des Besitzbürgertums entsprach:

- **Rückkehr der Girondisten** in den Konvent,
- **neue Verfassung (1795):** Zensuswahlrecht, Gewaltenteilung, Trennung von Kirche und Staat,
- fünfköpfiges **Direktorium** als Exekutive: Es stützte sich bei der Verfolgung politischer Gegner auf das Heer.

Diese Phase wurde durch den **Staatsstreich des Generals Napoleon Bonaparte** vom 9. 11. 1799 beendet: Er entmachtete das Direktorium und erklärte die Revolution für abgeschlossen.

4.5 Napoleon I. (1799–1815)

Napoleon wurde 1802 in einem Plebiszit zum **Konsul auf Lebenszeit** ernannt. Am 2. 12. 1804 krönte er sich selbst, von Papst Pius VII. (1800–1823) zuvor gesalbt, nach römischer und karolingischer Tradition zum **„Kaiser der Franzosen"** (als Napoleon I. per Volksabstimmung gebilligt).

Herrschaft im Innern

Napoleon gelang es, durch verschiedene Maßnahmen zu versöhnen und zu stabilisieren:

- Konkordat mit Papst Pius VII. (1801): Rückgabe der Kirchengüter, freier Gottesdienst;
- Amnestie (1802): Rückkehr von etwa 140 000 Emigranten;
- Einführung des **Code civil** (1804): Gleichheit vor dem Gesetz, Schutz der individuellen Rechtssphäre;
- Garantie von Privateigentum und wirtschaftlicher Freiheit;
- Aufhebung der lokalen und regionalen Selbstverwaltung: Einführung zentralistischer Bezirke (Präfekturen).

Hegemonie über Europa

1804–1812 errichtete Napoleon das **Empire,** das ab 1807 aus einem System aus von Verwandten regierten Staaten, abhängigen Vasallenstaaten und Verbündeten bestand:

„Napoleoniden"	in: Westfalen, Berg, Neapel und weitere italienische Staaten, Spanien, Belgien, Holland
abhängige Staaten	Rheinbund (↑ S. 35 f.), Großherzogtum Warschau, Schweiz
verbündete Staaten	Österreich, Norwegen, Dänemark

Die Französische und die Englische Revolution im Vergleich

Die Französische Revolution war radikaler als die Englische Revolution; ihr Vorbildcharakter ist weitaus größer.

Gemeinsamkeiten

- ideelle Basis: Naturrecht (aus Antike, Christentum, Aufklärung)
- Triebkräfte: ökonomische und politische Faktoren
- letztlich besitzende bürgerliche Schichten Nutznießer
- charismatische Führerfiguren:

  Robespierre, Danton, Marat – Cromwell
- Hinrichtung der Könige:

  Ludwig XVI. 1793 – Karl I. 1649
- Wiedereinführung der Monarchie als Endresultat

Unterschiede

	Englische Revolution	**Französische Revolution**
Wahlrecht	ständisch gebunden	(zum Konvent) gleich
Religion	Religion: tragende Bedeutung (Kalvinismus)	antiklerikal bis atheistisch
Kriegführung	traditionell	revolutionär („levée en masse“)
Außenpolitik	Bewahrung des Status quo	Expansion, Revolutionierung Europas
bestehende Ordnung	Reformierung durch schrittweise Erweiterung der ständischen und parlamentarischen Rechte	radikale Abschaffung des Ancien Régime

5 Napoleon und Deutschland

Wichtige Daten

1803 Reichsdeputationshauptschluss: Beginn der Auflösung des Heiligen Römischen Reichs Deutscher Nation	Die ständigen Vertreter der Reichsstände im Reichstag beschließen, das Reich grundlegend umzugestalten.
1806 Bildung des Rheinbunds unter französischer Hegemonie	16 Fürsten treten aus dem Reichsverband aus.
1806 Franz II. legt die Kaiserkrone nieder	Das Heilige Römische Reich Deutscher Nation wird staatsrechtlich aufgelöst.
1807 Friede von Tilsit nach Niederlage Preußens gegen Napoleon	Preußen wird als Gegenspieler Napoleons ausgeschaltet.
1807–15 Preußische Reformen	Preußen modernisiert sich ökonomisch und sozial.
1812 Konvention von Tauroggen: Waffenstillstand zwischen Preußen und Russland während des Russlandfeldzugs Napoleons	Das Expansionsstreben Napoleons findet seine Grenze: Preußen gibt das Signal für das Aufbegehren der unterdrückten Völker gegen Napoleon.
1813–15 Befreiungskriege gegen die napoleonische Fremdherrschaft	Das Empire bricht zusammen – in Deutschland erwacht das Nationalgefühl.

5.1 Das Ende des Heiligen Römischen Reichs (1806)

Reichsdeputationshauptschluss (1803)

Mit dem **Frieden von Lunéville** 1801, der den 2. Koalitionskrieg (↑ S. 29) beendete, wurde die endgültige Abtretung des linken Rheinufers an Frankreich vereinbart. Deutsche Fürsten, die dadurch Gebiete verloren, sollten durch rechtsrheinisches Reichsgebiet entschädigt werden. Dieser Plan wurde vom Reichstag im Reichsdeputationshauptschluss umgesetzt. Von diesen Beschlüssen profitierten v. a. **Preußen** sowie **Bayern, Baden** und **Württemberg,** die so zu Mittelstaaten wurden.

Reichsdeputationshauptschluss (1803)

- **Säkularisierung aller geistlichen Herrschaften:** Auflösung und Einverleibung durch weltliche Fürstentümer (rechtsrheinisch ca. 10 000 km², mehr als 3 Mio. Einwohner),
- **Mediatisierung von 112 kleinen Reichsständen** (Reichsritterschaft): Auflösung und Einverleibung durch weltliche Fürstentümer,
- **Reduzierung der Zahl der freien Reichsstädte** von 51 auf 6.

Gründung des Rheinbunds und Abdankung Franz II. (1806)

Nach der Niederlage Russlands und Österreichs bei Austerlitz 1805 im 3. Koalitionskrieg (↑ S. 29) erhob Napoleon Bayern und Württemberg, die auf der französischen Seite gekämpft hatten, zu Königreichen. Im Juli 1806 traten sie gemeinsam mit 14 weiteren süd- und westdeutschen Fürsten aus dem Reichsverband aus und gründeten unter Napoleons Protektorat den Rheinbund (bis 1811 schlossen sich 20 weitere Fürsten an), ein Instrument Frankreichs. In den einzelnen Fürstentümern wurden Reformen nach französischem Vorbild durchgeführt.

Merkmale des Rheinbunds

- Bundesarmee unter dem Befehl Napoleons,
- europäische Kriege nur gemeinsam mit Frankreich,
- zentrale Bürokratie, rationale Verwaltung (Fachministerien),
- Aufhebung der ständischen Selbstverwaltung in den Kommunen,
- Gewerbe- und Religionsfreiheit,
- staatliche Kirchen- und Schulaufsicht.

Kaiser Franz II. (*1768, †1835, Kaiser ab 1792) legte auf ein Ultimatum Napoleons hin die Kaiserkrone nieder und regierte fortan als Kaiser Franz I. von Österreich (1804–1835) in den habsburgischen Erblanden. Das war das staatsrechtliche **Ende des Heiligen Römischen Reichs Deutscher Nation.**

5.2 Machtverlust Preußens (1806/07)

Napoleon trachtete danach, ganz Deutschland seinem Empire (↑S. 32) einzuverleiben. In der **Doppelschlacht bei Jena und Auerstedt** (14.10.1806) besiegte er das bis dahin neutrale Preußen und entmachtete es im **Frieden von Tilsit.**

Preußen war nun für Napoleon kein ernst zu nehmender Gegner mehr. Aus den preußischen Gebieten westlich der Elbe entstand 1807 das **Königreich Westfalen** unter Napoleons Bruder Jérôme (*1784, †1860).

Friede von Tilsit (7.7. und 9.7.1807)

Preußen wurde auf Ost- und Westpreußen, Pommern, Brandenburg (östlich der Elbe) und Schlesien beschränkt, die Hälfte seines Gebiets und seiner Einwohner.

5.3 Preußische Reformen (1807–1815)

Bereits 1794 war in Preußen mit dem **Allgemeinen Landrecht** Friedrichs II. das Recht vereinheitlicht worden und die Rechtsprechung unabhängig geworden. Der eigentlich reformfeindliche König Friedrich Wilhelm III. (*1770, †1840) ließ sich nach der Niederlage von Jena und Auerstedt für eine **„Revolution von oben“** in Verwaltung, Gesellschaftsordnung, Wirtschaft, Heer und Bildungswesen gewinnen. Wegen des Widerstands des konservativen ostelbischen Landadels blieb der Bereich der Politik (Nationalrepräsentation) ausgeklammert.

5

Reformmaßnahmen

1807 und 1811/ 1816	**Oktoberedikt:** Aufhebung der Erbuntertänigkeit der Bauern (1850 abgeschlossen) und **Regulierungsedikt:** Aufhebung der Frondienste gegen die Abgabe eines Drittels des Bauernlandes an den Gutsherrn ▸ Aufhebung der Feudalordnung
1808	Einsetzung **gewählter Stadtverordneter** ▸ Einführung der kommunalen Selbstverwaltung
1808	**Verwaltungsreform:** Einrichtung des Staatsministeriums, mit 5 Fachbereichen (Äußeres, Inneres, Krieg, Finanzen, Justiz); Einteilung des Landes in Provinzen, Bezirke und Kreise mit ständischer Mitverwaltung ▸ Beendigung der absolutistischen Kabinettsregierung; rationale Organisation der Verwaltung; Trennung von Exekutive und Judikative
1810/ 1811	Einführung der **Gewerbefreiheit, Aufhebung der Zünfte** ▸ Wirtschaftsliberalismus, Voraussetzung für die Industrialisierung (↑ S. 54 ff.)
1810 –1812	**Steuerreform:** Aufhebung der Steuerprivilegien des ersten und zweiten Standes: ▸ Aufhebung der Ständegesellschaft (↑ S. 23)

1812	Staatsbürgerliche **Gleichstellung der Juden** ▸ Emanzipation der Juden
1807 –1815	**Heeresreform:** Aufhebung des Adelsprivilegs für die Offizierslaufbahn, Einführung der allgemeinen Wehrpflicht (1814), Bildung der „Landwehr" als Reservearmee (1815), Modernisierung der Rekrutenausbildung ▸ Aufhebung der ständischen Schranken in der Armee; „Nationalisierung" des Heeres
1810	**Bildungsreform:** Ausbau der Volksschulen, Verbesserung der Lehrerausbildung, Reform von Gymnasien (humanistisches Gymnasium) und Universitäten ▸ Verbesserung des Bildungsniveaus im Volk, Schaffung einer geistigen Elite (von Staatsdienern)

Reformer

Nicht alle Reformer waren Anhänger der Aufklärung (↑ S. 7 ff.), doch sie wollten den absolutistischen Staat abschaffen, dem einzelnen Bürger politische und wirtschaftliche Selbstständigkeit ermöglichen und das (preußische) Nationalgefühl stärken:

1807/08: Reichsfreiherr Karl **vom und zum Stein** (*1757, †1831) ab 1810 Karl August Freiherr (seit 1814 Fürst) **von Hardenberg** (*1750, †1822)	Verwaltung, Gesellschaft, Wirtschaft
Gerhard J. D. **von Scharnhorst** (*1755, †1813), August N. **von Gneisenau** (*1760, †1831), Karl **von Clausewitz** (*1780, †1831)	Heer
Wilhelm **von Humboldt** (*1767, †1835)	Bildung

5.4 Die Befreiungskriege (1813–1815)

Vorgeschichte

Der **Russlandfeldzug** (1812) bedeutete das Ende der Expansion Napoleons. General Yorck von Wartenburg, der Kommandant der preußischen Hilfsarmee im französischen Heer, schloss eigenmächtig einen Waffenstillstand mit Russland. Mit der Neutralitätserklärung Preußens in der **Konvention von Tauroggen** (30. 12. 1812) führte er ein Bündnis zwischen Russland, Preußen, Österreich, England und Schweden herbei.

5

Die eroberten Völker erkämpfen ihre Freiheit

Ganz Deutschland erfasste jetzt eine **nationale Begeisterung:**

- In Deutschland organisierten sich Studenten spontan in Freikorps zum Kampf für die nationale Selbstbestimmung.
- Der preußische König rief im März 1813 mit dem Aufruf „An mein Volk" zum Freiheitskampf auf.

Obwohl die Befreiungskriege im Wesentlichen von regulären Truppen geführt wurden, wurden sie als **Volkskrieg** begriffen und übten eine starke Wirkung auf die deutsche Nationalbewegung aus. An ihrem Ende war das Empire (↑S. 32) zusammengebrochen, der Rheinbund zerfallen und Deutschland musste konstitutionell, politisch und territorial neu geordnet werden.

1813 **Völkerschlacht bei Leipzig** (16.–19. 10.): Die Koalition erringt den entscheidenden Sieg über Napoleon.

1814 Die Koalitionsheere dringen nach Frankreich vor. Napoleon muss als Kaiser abdanken (6. 4.) und sich auf die Mittelmeerinsel Elba ins Exil zurückziehen.

1815 Napoleon kehrt nach Frankreich zurück (März), verliert die Schlacht beim belgischen **Waterloo** (18. 6.) und wird endgültig nach St. Helena verbannt.

6 Restauration und Revolution (1815–1849)

Wichtige Daten

1814/15 Wiener Kongress	Restauration des vorrevolutionären Staatengefüges
1815 Heilige Allianz zwischen Russland, Österreich und Preußen	Bündnis zur Abwehr von Liberalismus und Nationalbewegung
1815 Gründung des Deutschen Bunds	Restauration der föderativen Struktur Deutschlands
1815–48 Epoche des Vormärz	liberale und nationale Bewegung gegen die Kräfte der Restauration
1815 Gründung der Jenaischen Burschenschaft	Ausdruck der nationalen Begeisterung an den Universitäten
1819 Karlsbader Beschlüsse	Zensur, Verbot politischer Vereine, Überwachung der Universitäten
1832 Hambacher Fest	öffentliche Demonstration der liberalen und der nationalen Bewegung
1848/49 Märzrevolution	Kampf um Einheit und Verfassung zugleich
18.5.1848 bis 30.5.1849 Paulskirchenversammlung	Beratungen über eine nationalstaatliche und liberale Verfassung

6.1 Zwischen Restauration und Revolution

Wiener Kongress und Heilige Allianz (1814/15)

Bildung der Pentarchie

Auf dem Wiener Kongress waren alle europäischen Staaten bis auf das Osmanische Reich vertreten. Ihr Ziel war es, nach dem Scheitern des napoleonischen Hegemoniestrebens (↑S. 39) ein **multipolares Gleichgewicht** in Europa zu schaffen, um Krieg und Revolution zu verhindern. Deshalb wurde die Pentarchie (Fünferherrschaft), das Kräftegleichgewicht der fünf Großmächte England, Frankreich, Russland, Österreich und Preußen, durch territoriale Umverteilungen wieder installiert.

6

Wiener Kongressakte (1815) und „Heilige Allianz" (1815)

Der herausragende Staatsmann des Kongresses war Fürst Clemens von Metternich (*1773, †1859, ab 1809 Minister des Auswärtigen im Kaiserreich Österreich, ab 1821 Staatskanzler). Er war ein Gegner der liberalen und der nationalen Bewegung (↑S. 44 f.) und prägte maßgeblich die in der Wiener Kongressakte (9. 6. 1815) festgehaltenen Beschlüsse des Kongresses: Sie wurden zur Grundlage des sog. **Systems Metternich**.

Die territorialen und machtpolitischen Bestimmungen der **Wiener Kongressakte** waren vom **Prinzip der Restauration** bestimmt:

- **England:** Bestätigung als führende See- und Handelsmacht; Erwerb von Malta, Ceylon und der Kapkolonie; Personalunion mit dem neu gebildeten Königreich Hannover;
- **Frankreich:** Es wurde auf den Besitzstand von 1792 reduziert, Kontrolle durch einen Kranz mittlerer Staaten (Bildung des Königreichs Piemont-Sardinien);

- **Polen:** Bildung von „Kongresspolen“ aus den Gebieten, die in der ersten (1772) und dritten (1795) polnischen Teilung an Preußen und Österreich gefallen waren;
- **Russland:** Personalunion mit „Kongresspolen“;
- **Österreich:** Gebietserwerb in Galizien, Oberitalien, Dalmatien, wächst als Vielvölkerstaat aus Deutschland heraus;
- **Preußen:** Erwerb der Rheinprovinz, des Nordteils Sachsens und Schwedisch-Vorpommerns;
- **Königreich der Vereinigten Niederlande:** Bildung aus Holland und den habsburgischen Niederlanden (= Belgien);
- **Wiedereinsetzung der alten Dynastien** in Spanien, Portugal, Sardinien und Neapel, Restaurierung des Kirchenstaats.

Im Herbst 1815 gründeten der russische Zar, der österreichische Kaiser und der preußische König die **„Heilige Allianz“.** Ihr schlossen sich alle Monarchen bis auf den Sultan des Osmanischen Reiches an. Der englische König trat nur persönlich bei.

„Heilige Allianz“

Ihre Mitglieder verpflichteten sich zur Aufrechterhaltung der vom Wiener Kongress geschaffenen neuen staatlichen Ordnung und zur Abwehr liberaler und nationaler Bestrebungen.

Die politischen Auswirkungen der Romantik

Die die Literatur und Kunst prägende romantische Geistesbewegung entwickelte auch ein eigenes Geschichtsverständnis, das auf dem Wiener Kongress eine wichtige Rolle spielte:

- patriarchalische Auslegung des monarchischen Prinzips (Vorrang des Monarchen im innerstaatlichen Kräftegefüge):
  - Fürsten sollen wie Familienväter herrschen,
  - von Metternich für seine Ziele genutzt;

- Vorstellung eines Staatengefüges, in dem die christlichen Völker brüderlich als Glieder einer Familie von Fürsten regiert werden, die die Vertreter von Jesus Christus, dem wahren Souverän, seien;
  ▸ von der Heiligen Allianz angestrebt.

Geschichtsverständnis der Romantik

Prämissen:
- „organische" Vorstellung der historischen Entwicklung eines jeden Volks (in Analogie zu der eines Organismus),
- christliche (katholische) Grundhaltung.

Folgerungen:
- Überzeugung von der Eigenart und Einmaligkeit jeden Volks,
- Ablehnung der rationalen, verallgemeinernden Haltung der Aufklärung und des Naturrechts,
- Anknüpfung an das personengebundene Staatsverständnis des Mittelalters und die Struktur des Ständestaats (↑S. 7, S. 23).

Ideal:
- gottgewollter, organisch gewachsener, nicht von „oben" oder „unten" revolutionierter Ständestaat.

Vertreter:
- Carl Ludwig von Haller (*1768, †1854),
- Friedrich Julius Stahl (*1802, †1861).

6

Deutscher Bund (1815–1866)

Als Bestandteil der Wiener Kongressakte regelte die **Bundesakte** die konstitutionelle Ordnung in Deutschland, indem sie den Deutschen Bund als Nachfolger des Heiligen Römischen Reichs deutscher Nation errichtete. Er wurde dominiert vom Dualismus zwischen Österreich und Preußen (↑S. 65 ff.).

Merkmale des Deutschen Bunds

- Staatenbund aus zunächst 34 souveränen Fürstentümern und vier Freien Städten,
- Österreich und Preußen gehörten nur mit einem Teil ihres Staatsgebiets dazu, so wie die Könige von Großbritannien (Hannover), Dänemark (Holstein) und der Niederlande (Luxemburg),
- keine Wiederherstellung der Kaiserwürde,
- Bundestag in Frankfurt/Main: ständiger Gesandtenkongress unter österreichischem Vorsitz, fasste Bundesbeschlüsse mit mindestens $^2/_3$-Mehrheit,
- keine Volksvertretung,
- Bundesheer im Kriegsfall aus Kontingenten der Einzelstaaten.

Für die Einzelstaaten stellten die Fürsten **landständische Verfassungen** als Weiterentwicklung der politischen Partizipation der Stände in Aussicht. Sie legten als Staatsform die **konstitutionelle Monarchie** nach dem monarchischen Prinzip fest:
- Souveränität beim Monarchen,
- Repräsentativorgan mit Steuerbewilligungsrecht und Gesetzgebungskompetenzen, dem Monarchen nachgeordnet,
- Grundrechte und Rechtsgleichheit.

Vormärz (1815–1848)

Spaltung der liberalen Bewegung
Hinter der Fassade äußerer Ruhe (Biedermeierzeit) erstarkten in Deutschland die liberale und die nationale Bewegung infolge der Befreiungskriege. Die Liberalen spalteten sich in einen gemäßigten Flügel (**Liberale**) und in einen zunehmend radikalen und demokratischen (**Demokraten**). Beide kämpften mit den Vertretern der Restauration um die politische Zukunft, während die Masse des Volkes politisch passiv blieb.

	Liberale	Demokraten
Forderungen	■ Freiheits- bzw. Grundrechte, z. B. Meinungsfreiheit etc. ■ Geschworenengerichte ■ Bürgerwehr ■ Verfassungen in den Einzelstaaten ■ nationale Repräsentation ■ nationale Einheit	■ Freiheits- bzw. Grundrechte, z. B. Meinungsfreiheit etc. ■ Staat soll soziale Not bekämpfen ■ allgemeines Wahlrecht ■ nationale Einheit
angestrebte Staatsform	konstitutionelle oder parlamentarische Monarchie	parlamentarische Monarchie oder Republik
Mittel	friedliche Vereinbarung mit den Regierungen	politische Willensbildung der Massen, auch: Gewalt
Vertreter	August Heinrich Simon (*1805, †1860), Ernst Moritz Arndt (*1769, †1860), Friedrich Christoph Dahlmann (*1785, †1860), Jakob Grimm (*1785, †1863)	Arnold Ruge (*1802, †1880), Robert Blum (*1807, †1848), Jakob Venedey (*1805, †1871)

6

Stationen des Vormärz

Im Vormärz, der Epoche vor der Märzrevolution, wirkten liberale und nationale Bewegungen zusammen:

1814 –1821 **Landständische Verfassungen** in den südwestdeutschen und einigen mitteldeutschen Einzelstaaten.

1815 **Gründung der ersten deutschen Burschenschaft** in Jena, einer Vereinigung von liberal und national eingestellten Studenten. Burschenschaften entstehen nun an fast allen anderen Universitäten.

1817 Das **Wartburgfest** (18. 10.) erinnert an die national gedeutete Reformation und die Leipziger Völkerschlacht (↑ S. 39); symbolische Verbrennung der Bundesakte.

1819 **Karlsbader Beschlüsse** (August): auf Metternichs Betreiben und mit Zustimmung des Bundestags beschlossen. Anlass: Ermordung des in russischen Diensten stehenden Dichters August von Kotzebue durch den Studenten Karl Ludwig Sand.
Verbot von Burschenschaften und politischen Vereinen, Pressezensur, Überwachung der Universitäten, Verfolgung von „Demagogen".

1830/1831 **Verfassungen** in Braunschweig, Hannover, Hessen-Kassel und Sachsen unter dem Eindruck der Julirevolution (1830) in Frankreich (Sturz der Dynastie der Bourbonen, Einsetzung von Ludwig Philipp (1830–48), Herzog von Orléans, als „Bürgerkönig", Verfassung mit Ministerverantwortlichkeit und niedrigem Zensuswahlrecht).

1832 **Hambacher Fest** (27.–30. 5.): tausende Studenten und Kleinbürger demonstrieren mit Dichtern des „Jungen Deutschland" (Ludwig Börne, Heinrich Heine u. a.) für ein republikanisches, geeintes Deutschland.

1833 Der **Sturm auf die Frankfurter Hauptwache** (= Sitz des Bundestags) von Studenten und Handwerkern scheitert an der Gleichgültigkeit der Frankfurter.
Folge: Verschärfung der Unterdrückung.

1837 Die **Göttinger Sieben**, Professoren an der Universität Göttingen (u. a. Jakob und Wilhelm Grimm), protestieren gegen die Aufhebung der Verfassung von 1833 durch den neuen König von Hannover, Ernst August (*1771, †1851). Sie werden des Landes verwiesen.

1840 Eine **Welle nationalen Protests** folgt in Deutschland auf die Forderung Frankreichs nach der Rheingrenze.

6.2 Die Revolution von 1848/49

Beginn der Revolution (März 1848)

Im Februar 1848 wurde in Frankreich Ludwig Philipp I. zur Abdankung gezwungen und eine Republik ausgerufen (**Februarrevolution**). Im März griffen die Unruhen auf Deutschland und Österreich über. Die Fürsten beriefen nun liberale „Märzminister“ und der Bundestag hob die Zensur auf. Doch diese Maßnahmen konnten die Unruhen nicht stoppen:

13.–15.3. 1848	Volksaufstand in **Wien:** Er zwingt Metternich zum Rücktritt. In **Budapest, Mailand** und **Venedig** fordern Aufständische die nationale Selbstbestimmung.
18./19.3. 1848	Barrikadenkämpfe in **Berlin:** König Friedrich Wilhelm IV. (*1795, †1861) zieht das Militär ab, beruft ein liberales Ministerium, verspricht die Einberufung einer preußischen Nationalversammlung zur Ausarbeitung einer Verfassung und bekennt sich zur deutschen Einheit.

Die Nationalversammlung in der Frankfurter Paulskirche (18. 5. 1848–30. 5. 1849)

Vorparlament und Eröffnung der Nationalversammlung

Mit Zustimmung des Bundestags trat das Frankfurter „Vorparlament“ aus Mitgliedern der Landtage zusammen (31. 3.–3. 4.). Es beschloss die Aufnahme Schleswigs (↑S. 50) sowie Ost- und Westpreußens in den Deutschen Bund und **allgemeine freie Wahlen zu einer Volksvertretung.** Der Bundestag stimmte der Wahl einer Nationalrepräsentation zu, aber fast alle Angehörige nichtdeutscher Nationalitäten (Ungarn, Italiener und die slawischen Völker Österreichs) lehnten die Teilnahme ab. Die Nationalversammlung wurde am 18. 5. 1848 in der

Frankfurter Paulskirche eröffnet. In ihr überwogen bei Weitem akademisch gebildete Vertreter geistiger und freier Berufe sowie Staats- und Gemeindediener (**Honoratiorenparlament**).

Die politische Zusammensetzung der Nationalversammlung in der Paulskirche

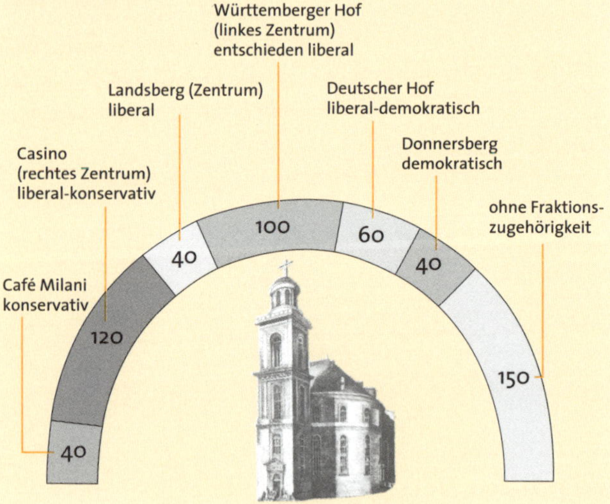

Beratungen in der Nationalversammlung

Von Juni bis Dezember 1848 beriet die **Paulskirchenversammlung** die Grundrechte (↑S. 45). Mit ihnen wurden die Privilegienordnung des Ancien Régime (↑S. 23) aufgehoben und die liberalen Forderungen verwirklicht (↑S. 45). Allerdings war der hinter den Verfassungsartikeln angefügte **Grundrechtskatalog** rechtlich nicht bindend.

Die Abgeordneten standen vor dem doppelten Problem der **Staats- und Verfassungsschöpfung.** Zentrale Fragen der Beratungen in der Paulskirche waren:

- **konstitutionelle Frage:** Sie wurde entschieden zugunsten eines Gleichgewichts zwischen Reichstag und Erbkaisertum;
- **bundesstaatliche Frage:** Sie wurde entschieden zugunsten der Zentralgewalt (Außenpolitik, Heer, Gesetzgebung);
- **nationale Frage:** Sie wurde entschieden zugunsten der **kleindeutschen Lösung,** d.h. unitarischer (zentralistischer) Nationalstaat unter Führung der (protestantischen) preußischen Dynastie ohne Österreich; die **großdeutsche Lösung** wäre ein Bundesstaat unter Einschluss der deutschsprachigen Gebiete Österreichs unter der (katholischen) habsburgischen Dynastie gewesen.

Reichsverfassung der Nationalversammlung von 1849

Krise um Schleswig-Holstein (März bis September 1848)

In der Schleswig-Holstein-Krise offenbarte sich die **Machtlosigkeit der Nationalversammlung:**

- Dänemark betrieb im März 1848 die Annexion des mit ihm in Personalunion verbundenen Schleswig, obwohl das Herzogtum seit 1460 in Realunion mit dem zum Deutschen Bund gehörenden Holstein verbunden war.
- Die Schleswig-Holsteiner wollten jedoch vereinigt und deutsch bleiben und riefen den Bundestag um Hilfe an.
- Dieser beauftragte Preußen mit der Vertreibung der Dänen aus Schleswig. Doch nach Intervention Russlands und Englands kam es am 26. 8. zum **Waffenstillstand von Malmö.**
- Getragen von einer heftigen nationalen Entrüstung, verwarf die Nationalversammlung zuerst diesen Waffenstillstand (5. 9.), musste ihn aber schließlich billigen (16. 9.), weil sie über keine eigenen Truppen verfügte.

Der Waffenstillstand von Malmö (26. 8. 1848)

- Preußen räumt Schleswig und Holstein.
- Die provisorische deutsche schleswig-holsteinische Regierung wird abgesetzt.

Die national erregte Öffentlichkeit lastete dieses Ergebnis nicht nur Preußen, sondern auch der Nationalversammlung an, die damit in den Augen vieler diskreditiert war.

Das Ende der Revolution (1849)

Preußischer König lehnt Kaiserkrone ab (April 1849)

Nachdem Österreich die Aufnahme Gesamtösterreichs in den zu schaffenden Nationalstaat gefordert hatte, was die nationale Einheit gesprengt hätte, wählten die Abgeordneten mit 290:248 Stimmen den preußischen König zum Erbkaiser. Friedrich Wilhelm IV. lehnte jedoch am 28.4.1849 endgültig die „mit dem Ludergeruch der Revolution behaftete" Krone ab. Daraufhin wurden die österreichischen und preußischen Abgeordneten abberufen, wenig später die von Sachsen, Hannover und Baden.

Sieg der Kräfte der Restauration (April bis Juli 1849)

In zahlreichen deutschen Staaten engagierte sich eine breite Bewegung dennoch für die Annahme der Reichsverfassung:

- Aufstände im Mai und Juni 1849,
- Aufruf der radikalen Demokraten zur Erhebung des Volkes für die Annahme der Reichsverfassung, also zum revolutionären Widerstand gegen die Regierungen,
- Ablehnung dieses illegalen Schritts durch die liberale Mehrheit und ihr Austritt aus der Versammlung,
- Verlegung des Rumpfparlaments (ca. 100 Abgeordnete) am 30.5. nach Stuttgart durch die Demokraten, wo es am 18.6. von der württembergischen Regierung gewaltsam aufgelöst wurde,
- Sieg der Bundestruppen unter dem Oberbefehl des späteren preußischen Königs und Kaisers Wilhelm I. über die Aufständischen in der Pfalz, Baden und Sachsen.

6

Woran scheiterte die Revolution?

- an der Doppelaufgabe: Verwirklichung von Einheit und Freiheit,
- am Fehlen eigener Machtmittel, besonders Truppen,
- an der Furcht des Bürgertums vor der sozialen Revolution,
- an der Vielzahl der gegnerischen Bundesstaaten,
- an der Uneinigkeit der Revolutionäre,
- an den Vorbehalten der Liberalen gegen die Revolution.

Rede des Journalisten Philipp Jakob Siebenpfeiffer auf dem Hambacher Fest vom 27. 5. 1832 (gekürzt)

Und es wird kommen der Tag …, wo der Deutsche vom Alpengebirg' und der Nordsee, vom Rhein, der Donau und der Elbe den Bruder im Bruder umarmt, wo die Zollstöcke und Schlagbäume, wo alle Hoheitszeichen der Trennung und Hemmung und Bedrückung verschwinden samt den Constitutiönchen, die man etlichen mürrischen Kindern der großen Familie als Spielzeug verlieh; … wo der Bürger nicht in höriger Untertänigkeit den Launen des Herrschers, … sondern dem Gesetze gehorcht und auf den Tafeln des Gesetzes den freien Willen liest und im Richter den frei erwählten Mann seines Vertrauens erblickt; … wo die erhabene Germania dasteht auf dem erzernen Piedestal (Sockel) der Freiheit und des Rechts, in der einen Hand die Fackel der Aufklärung, welche zivilisierend hinausleuchtet in die fernsten Winkel der Erde …

Aus: J. G. Wirth, Das Nationalfest der Deutschen zu Hambach (Neustadt 1832), S. 34 ff.

Interpretationsschritte

1 Vorstellung der Quelle (Kurzcharakteristik)

Die vorliegende Quelle, ein Auszug aus der Rede Philipp J. Siebenpfeiffers auf dem Hambacher Fest am 27. 5. 1832, ist eine appellative Verheißung eines geeinten Deutschland mit einer Verfassung im Sinne des Liberalismus.

2 Zusammenfassung des Inhalts der Quelle

Der Inhalt soll knapp und ohne persönliche Stellungnahme (mit Zeilenangaben) referiert werden.

Interpretationsschritte *(Fortsetzung)*

③ **Untersuchung der sprachlichen Gestaltung der Quelle zur Bestätigung ihrer Intention**
Der Redner will seine Zuhörer von etwas überzeugen, das ihm selbst wichtig ist.
Stilmittel der Intensität und Emotionalität sind:
- Häufung: Aufzählung, paralleler Satzbau (4 × „wo ...")
- Hervorhebung: Metaphern („Zollstöcke", „Schlagbäume", „Fackel", „Tafeln"), Personifikation („Germania")
- persönliche Färbung: Ironie („Constitutiönchen ... Spielzeug"), wertende Attribute („der Trennung ... Bedrückung", „mürrischen", „frei", „erhabene").

④ **Besprechung von Standort und Intention des Autors und des Gehalts der Quelle** (hier ihrer politischen Ethik)
Der Redner hat den Standpunkt eines aufgeklärten Anhängers der nationalen und liberalen Bewegung. Seine Intention ist es, die Teilnehmer des Hambacher Festes zu einem stärkeren Einsatz für die liberale und nationale Bewegung zu motivieren.

⑤ **Einordnung der Quelle in ihren historischen Zusammenhang**
Der historische Kontext ist der des Vormärz.

⑥ **(evtl.) Vergleich der in der Quelle vertretenen mit anderen historischen Positionen**
Entfällt hier.

⑦ **(evtl.) Bewertung der historischen Bedeutung der Quelle**
Sie ist typisch für die Verbindung von nationaler und liberaler Bewegung im Vormärz.

7 Die Industrielle Revolution

Wichtige Daten

1766 erster Hochofen in England	Teil der technischen Innovationen, die die Voraussetzung für die Industrialisierung bildeten
1834 Gründung des Deutschen Zollvereins; Aufhebung der Binnenzölle	Entstehung eines einheitlichen deutschen Binnenmarkts: Voraussetzung für die Industrialisierung in Deutschland
1848 „Kommunistisches Manifest“ von K. Marx und F. Engels an die „Proletarier aller Länder“	Appell an die Arbeiter, durch internationalen Zusammenschluss die sozialistische Revolution herbeizuführen
um 1850 Durchbruch der Industriellen Revolution in Deutschland	trotz Kleinstaaterei Umwälzung der sozioökonomischen Verhältnisse
1863 Gründung des Allgemeinen Deutschen Arbeitervereins (ADAV)	Programm: Verbesserung der Lage der Arbeiter durch Reformen
1869 Gründung der Sozialdemokratischen Arbeiterpartei (SDAP)	Programm: Verbesserung der Lage der Arbeiter durch eine sozialistische Revolution
1875 Vereinigung des ADAV und der SDAP zur Sozialistischen Arbeiterpartei Deutschlands (SAP)	Kompromiss: Reformbestrebungen in der Praxis, Revolutionsforderungen in der Theorie

7.1 Einordnung und Grundzüge

Geografische Ausdehnung und Voraussetzungen

Die wirtschaftliche Entwicklung Europas (und der USA) im 19. Jh. war von der Industriellen Revolution bestimmt. Sie **begann** in der 2. Hälfte des 18. Jh. **in Großbritannien,** erfasste im 1. Drittel des 19. Jh. Belgien, die Niederlande, Frankreich sowie die Schweiz und erreichte ab 1830 Deutschland. Im letzten Drittel des 19. Jh. begann sie sich auf das übrige Europa auszudehnen.

Voraussetzungen der industriellen Massenproduktion waren:
- freie Märkte,
- Kapitalkraft,
- eine ausreichende Rohstoffbasis,
- technische Erfindungen.

Auswirkungen des wissenschaftlichen und technischen Fortschritts

Mechanisierung der Textilproduktion und Nutzung von Kohle zur Erzeugung von Dampfkraft,

→ die maschinelle Fertigung und das Fabriksystem gewinnen mehr und mehr an Bedeutung;

→ die traditionellen Produktions- und Verteilungsmethoden (Handwerk, Manufaktur, Verlagssystem) werden verdrängt.

Veränderungen im Agrarsektor

Der Agrarsektor war zwar volkswirtschaftlich nicht mehr führend, beschäftigte aber nach wie vor die meisten Menschen. Durch die **Nutzung des Fortschritts in Technik und Chemie** wie
- Mäh- und Dreschmaschinen,
- künstlichen Dünger,

und Einführung der **Fruchtwechsel- statt der Dreifelderwirtschaft** stieg die landwirtschaftliche Produktion an. Trotzdem kam es aufgrund des Bevölkerungswachstums bei Missernten zu Hungersnöten.

Adam Smith' Wirtschaftsliberalismus

Die theoretische Grundlage der Industriellen Revolution war der Wirtschaftsliberalismus.

Kernpunkte des Wirtschaftsliberalismus

Prämissen:

- Der Einzelne folgt seinem von Natur aus auf das eigene Wohlergehen gerichteten Gewinnstreben,
- deshalb legt der Unternehmer sein Kapital in der ertragreichsten Form an,
- infolge von Konkurrenz schrumpfen unrentable und wachsen rentable Wirtschaftszweige,
- im Ergebnis wächst die Volkswirtschaft.

Folgerung:

Der Staat soll sich aus der Wirtschaft zurückziehen durch:
- Abbau von Zollschranken,
- ungehinderte Entfaltung der ökonomischen Konkurrenz,
- Freihandel.

Grundlage:

Schrift „Wealth of Nations" von 1776 des englischen Nationalökonoms Adam Smith (*1723, †1790).

7.2 Großbritannien

Die Industrielle Revolution nahm von Großbritannien ihren Ausgang. Dort wurde sie begünstigt durch:

- Veränderungen in der Landwirtschaft: Landeinhegungen durch adlige Großunternehmer, rationellere Bewirtschaftung, Folge: Anwachsen des Nahrungsmittelangebots;
- Bevölkerungsanstieg aufgrund der Verbesserungen von Ernährung und Hygiene;
- einheitlicher Binnenmarkt mit guter Transportinfrastruktur (kurze Küstenseerouten, Binnenkanalsystem);
- großes Kapitalvermögen infolge des Kolonialhandels;
- leistungsfähiges Bank- und Kreditwesen;
- liberale Eigentumsgesetzgebung, effizientes Patentrecht;
- umfangreiche Kohle- und Eisenerzvorkommen;
- technologische Innovationen:
  - mechanische Spinnmaschine und Webstuhl,
  - Weiterentwicklung der Dampfmaschine (James Watt),
  - Lokomotive und Dampfschiff;
- Unternehmergeist aufgrund der calvinistischen Erwerbsethik und der freihändlerischen Tradition der Seefahrernation.

Ausgangspunkt für die Entwicklung neuer Produktionsformen war die **Textilindustrie,** die zum führenden Sektor wurde.

7.3 Deutschland

Preußen als Vorreiter

In Deutschland hemmte die Kleinstaaterei des Deutschen Bundes die Industrielle Revolution. Als einer der ersten Staaten förderte Preußen die Industrialisierung durch:

- Übernahme technischer Innovationen aus Großbritannien,
- Agrarreform (↑S. 37): Sie setzte ein großes Arbeitskräftepotenzial frei.
- Einführung der Gewerbefreiheit (↑S. 39): Sie ermöglichte Kapitalbesitzern, in die Anlage von Fabriken zu investieren.
- Technische Schulen zur Ausbildung von Ingenieuren.

Schaffung eines deutschen Binnenmarkts

Im Unterschied zu Großbritannien war in Deutschland der Staat am Prozess der Industrialisierung stark beteiligt. Entscheidend war insbesondere die Gründung des **Deutschen Zollvereins** 1834 unter preußischer Führung

Deutscher Zollverein (gegründet 1834)

Er schuf einen einheitlichen Binnenmarkt für den Absatz der Industrieprodukte, ermöglichte eine einheitliche deutsche Wirtschaftspolitik nach außen, verbesserte die Konkurrenzfähigkeit der deutschen Produkte und führte zum Aufschwung der Industriegebiete an Rhein und Ruhr.

In den folgenden Jahrzehnten traten alle deutschen Staaten – bis auf Österreich – dem Zollverein bei. Das Fernbleiben Österreichs bedeutete eine Vorentscheidung im Ringen zwischen Österreich und Preußen um die Hegemonie in Deutschland (↑S. 65ff.).

Verlauf der Industrialisierung

Stationen

ab 1830	**Frühindustrialisierung,** die Staaten folgen den Grundsätzen des Wirtschaftsliberalismus (↑S. 56).
ab 1850	1. industrielle Wachstumsphase
1873 –1878	wirtschaftliche **Depression** (im Gefolge der sog. Gründerkrise), Staat wird protektionistisch (Schutzzölle)
1896 –1913	2. Wachstumsphase, **Hochindustrialisierung:** neue Führungssektoren Elektrotechnik und Chemie

Das zu Preußen gehörende **Ruhrgebiet** wurde zum bedeutendsten industriellen Zentrum; Führungssektor war zunächst die Schwerindustrie mit dem **Eisenbahn- und Maschinenbau.**

1835 wurde zwischen Nürnberg und Fürth die erste deutsche Eisenbahnstrecke eröffnet. Der Eisenbahnbau wurde einer der wichtigsten Faktoren des Wirtschaftswachstums.

7.4 Die soziale Frage in Deutschland

Der industrielle Aufstieg und der Prozess wirtschaftlicher Konzentration in den Händen von Unternehmern führte zu erheblichen gesellschaftlichen Veränderungen:

- **Bevölkerungswachstum:** Die Bevölkerung wuchs von 1871 bis 1910 um 58 % auf 65 Mio.;
- **rasche Verstädterung** infolge von Landflucht: Von 1870 bis 1910 stieg der Anteil der Stadtbewohner von 36 auf 60 %;
- **Lohnarbeiter:** In den Industriestandorten bildete sich diese neue Gesellschaftsschicht.

7

In der Phase der Frühindustrialisierung arbeiteten und lebten die Fabrikarbeiter nicht nur in Deutschland unter harten, teils menschenunwürdigen Bedingungen (**Pauperismus**), die die **soziale Frage** aufwarfen: die materielle Besserstellung der Arbeiter und ihre Eingliederung in die Gesellschaft.

Lebensbedingungen der Arbeiter und ihrer Familien

- enge, überfüllte und ungesunde Wohnstätten; viele Familien mussten noch zusätzlich sog. Schlafgänger aufnehmen, d.h. allein stehende Arbeiter, die sich nur ein Bett leisten konnten;
- schlecht bezahlte und weniger qualifizierte Frauen- und Kinderarbeit war oft für das Überleben notwendig;
- bis zu 14 Stunden tägliche Arbeitszeit;
- kein Unfall- oder Kündigungsschutz; bei Erkrankung drohte Entlassung.

Unterschiedliche Lösungen der sozialen Frage

Von mehreren Seiten wurde versucht, die soziale Frage zu lösen.

Unternehmer

Zwar war das wirtschaftsliberale Denken der Unternehmer auf Gewinn aus, aber viele von ihnen standen in der Tradition der **patriarchalischen Fürsorge** des Hausvaters/Gutsherrn/Feudalherren für die ihm Untergebenen. Oder sie bemühten sich aus menschlicher Solidarität, christlichem Mitgefühl oder aus Eigeninteresse um eine Besserung der Lage ihrer Arbeiter. So richteten einige in ihren Betrieben Werkswohnungen, Schulen, eine Altersversorgung oder eine Krankenkasse ein.

Kirchen

Die katholische und evangelische Kirche entwickelten **neue Formen charitativer Hilfe.** Die katholische Soziallehre forderte außerdem die Hilfe von Gemeinschaften oder des Staates bei Überforderung des Einzelnen sowie angemessene Löhne und eine organisierte Interessenvertretung für die Arbeiter (Enzyklika Rerum Novarum 1891).

Protestanten

- Johann H. **Wichern** (*1808, †1881) und Theodor **Fliedner** (*1800, †1864): 1848/49 Gründung der „Inneren Mission" zur Jugend-, Alters-, Kranken- und Gefährdetenhilfe (Diakonie);
- Friedrich von **Bodelschwingh** (*1831, †1910): ab 1872 Ausbau der Betheler Anstalten (Pflege von Epileptikern); 1882 Gründung der Arbeiterkolonie Wilmersdorf für Obdachlose

Katholiken

- Adolf **Kolping** (*1813, †1865): Gründung von katholischen Gesellenvereinen für Handwerker.

Staat

In **Preußen** setzten die Militärbehörden aus Sorge um die Gesundheit der Rekruten 1839 das Verbot der Arbeit von Kindern unter 9 Jahren (ab 1854 unter 12 Jahren) durch. Ab 1883 wurde das Deutsche Reich führend in der Sozialgesetzgebung (↑ S. 76).

Arbeiterbewegung

Zwischen Arbeitern und Unternehmern kam es zu Konflikten um die Arbeitsbedingungen. Die Arbeiter suchten durch Zusammenschlüsse – Vereine, Genossenschaften, Gewerkschaften und Arbeiterparteien – ihre Lage zu bessern.

ab 1850	**gewerbliche Genossenschaften:** Einkaufs-, Verkaufs- und Vorschussvereine; begründet von Hermann Schulze-Delitzsch (*1808, †1883)
1863	**Allgemeiner Deutscher Arbeiterverein** (ADAV): fordert staatliche Reformen, staatlich unterstützte Produktivgenossenschaften der Arbeiter, allgemeines und gleiches Wahlrecht; begründet von Ferdinand Lassalle (*1825, †1864) in Leipzig
1869	**Sozialdemokratische Arbeiterpartei** (SDAP): marxistische Lehre (↑ S. 62 f.); begründet von Wilhelm Liebknecht (*1826, †1900) und August Bebel (*1840, †1913) in Eisenach
1869	Einführung der Koalitionsfreiheit im Norddeutschen Bund (↑ S. 67 f.) führt zum **Beginn der gewerkschaftlichen Organisation** nach Berufen: Verträge mit Unternehmern über Löhne, Arbeitszeit und Arbeitsschutz
1875	Vereinigung des ADAV und der SDAP zur **Sozialistischen Arbeiterpartei Deutschlands** (SAP) in Gotha: Mischung aus reformerischen und marxistischen Vorstellungen im „Gothaer Programm“
ab 1882 bzw. 84	**evangelische und katholische Arbeitervereine:** Vermittlung von Bildung (Lesezirkel); soziales Netz.

Die Lehre von Karl Marx und Friedrich Engels

Die Lehre von Marx und Engels fand aufgrund ihres Heilsversprechens und ihrer systematischen Geschlossenheit Eingang in die Gedankenwelt vieler Arbeiter und wurde zur politischen Ideologie sozialistischer Parteien.

Philosophische Grundlage

Karl Marx (*1818, †1883) und Friedrich Engels (*1820, †1895) deuteten die Industrielle Revolution materialistisch: Nur die Materie sei wirklich. Geist, Gefühl, Moral, Religion, Kunst seien nur Ausfluss der Organisation von Materiellem.

Hauptwerke: „Kommunistisches Manifest“ (1848), „Kritik der politischen Ökonomie“ (Marx, 1859), „Das Kapital“ (1867 f.)

Aussagen des „historischen Materialismus“ zur Geschichte

- Die Geschichte verlaufe nach **exakten Gesetzen** (in Analogie zur Natur).
- Vom **„Unterbau“** (dem Sein = ökonomischen und sozialen Verhältnissen) hänge der **„Überbau“** (das Bewusstsein = Kunst, Wissenschaft, Religion, Recht, Staat) ab.
- Im „Unterbau“ entwickelten sich **Produktivkräfte** (Werkzeuge, menschliche Arbeitsfertigkeit) und **Produktionsverhältnisse** (Besitz an Geräten, Maschinen, Land, Kapital) in einem Spannungsverhältnis weiter.
- Die **ungleichen Produktionsverhältnisse** beuteten in einem ungleichen Besitzverhältnis die Masse der Arbeitenden aus.
- In einer **Revolution** machten die bisher Unterdrückten sich selbst zu Besitzern der Produktionsverhältnisse und beuteten eine neue Unterschicht aus.

- Die **Geschichte** sei also eine („dialektische“) **Abfolge von Klassenkämpfen**. Dabei sei der neu erreichte Zustand jeweils besser als der vorangegangene.
- Sie spanne sich vom **Urkommunismus** (dem unbewussten Zustand der Bedürfnislosigkeit) bis zum **klassenlosen Kommunismus**.
- Die Industrielle Revolution verursache den **Kapitalismus**, die Ausbeutung der Proletarier („jemand, der nur seine Arbeitskraft besitzt“) durch die Kapitalisten.
- Nach der **sozialistischen Revolution**, in der die Proletarier die Produktionsverhältnisse erkämpften, komme eine Phase des Übergangs, die **Diktatur des Proletariats**, in der der Staat als Regulator nach und nach absterben werde.

Die sozial-ökonomische Struktur der Industriegesellschaft

- In der industriellen Gesellschaft trage die Ausbeutung des Lohnarbeiters dem Besitzer der Produktionsmittel einen **Mehrwert** ein. Er führe zur **Akkumulation** (Anhäufung) des Kapitals und treibe den **industriellen Fortschritt** voran.
- Damit würden durch die Freisetzung (Entlassung) von Arbeitern der **Lohndruck** erhöht und die **Verelendung des Proletariats** gefördert.
- Außerdem führe der **Konkurrenzkampf** zu weniger Kapitalisten, also zu einer Zunahme der Proletarier.
- Die Kapitalkonzentration **(Monopolbildung)** und die sinkende Kaufkraft der Massen führten zu Überproduktionskrisen.
- Damit sei die **sozialistische Revolution** fällig: Durch die Enteignung (Sozialisierung) der Produktionsmittel würden die **Klassengegensätze aufgehoben**.

8 Die Reichsgründung und die Ära Bismarcks

Wichtige Daten

1862 Otto von Bismarck zum preußischen Ministerpräsidenten berufen	Bismarck tritt an, um den preußischen König gegen die liberale Bewegung zu stärken.
1866 Gründung des Norddeutschen Bunds unter preußischer Hegemonie	Bismarck erreicht eine vorläufige Einigung ohne die süddeutschen Staaten (und Österreich).
1870/71 Deutsch-Französischer Krieg	Bismarck zwingt Frankreich, die deutsche Einigung zu akzeptieren.
18.1.1871 Gründung des Deutschen Reichs als Fürstenbund	Bismarck bringt die nationale Einigung „von oben“ zustande.
1871–87 Kulturkampf gegen die gesellschaftliche Macht der katholischen Kirche	Bismarck versucht, die staatliche Aufsicht über die katholische Kirche zu installieren.
1873–87 Aufbau eines außenpolitischen Bündnissystems	Erhalt der bestehenden territorialen Ausdehnung
1878 Sozialistengesetz: Verbot von Presse und Parteiarbeit der Sozialdemokratie	Bismarck bekämpft die Sozialdemokratie als „Reichsfeind“.
1883–89 Sozialgesetzgebung	Bismarck versucht, die Not der Arbeiter zu lindern und sie in den Staat zu integrieren.

8.1 Preußisch-österreichischer Dualismus (1851–1866)

Wiederherstellung des Deutschen Bunds

Nach dem Scheitern der Revolution von 1848/49 (↑S. 47ff.) setzte in den meisten deutschen Staaten und Österreich eine reaktionäre Innenpolitik ein, in der z.T. sogar die liberalen Errungenschaften des Vormärz rückgängig gemacht wurden. Besonders im Bürgertum waren jedoch nach wie vor **Einigungsbestrebungen** vorhanden. Dies drückte sich aus in:

- zahlreichen Massenveranstaltungen wie **Schützen-, Turner-,** und **Sängerfesten** seit dem Ende der Fünfzigerjahre,
- Gründung des **Deutschen Nationalvereins** 1859. Er wollte den Einigungswunsch im Bewusstsein der Öffentlichkeit wach halten.

8

Rivalitäten zwischen Österreich und Preußen im Bund

1851 war der Deutsche Bund (↑S. 43f.) wiederhergestellt worden. Seit seiner Gründung rivalisierten Österreich und Preußen um die Vorherrschaft in ihm. **Otto von Bismarck** (*1815, †1898), 1862 von König Wilhelm I. (1861–1888) **zum Ministerpräsidenten ernannt,** verschaffte Preußen Vorteile in diesem Machtkampf, dem sog. Dualismus:

- Schon 1852 hatte er die Aufnahme Österreichs in den Zollverein (↑S. 58) verhindert und damit die ökonomische Trennung Österreichs von Deutschland herbeigeführt.
- Im August 1863 torpedierte er die großdeutschen Bundesreformpläne Österreichs (nationales Parlament aus Delegierten der einzelstaatlichen Kammern). Durch sie hätte Österreich die Initiative im Einigungsprozess übernommen und die Sympathien der nationalen Bewegung gewonnen.

Verschärft wurde der preußisch-österreichische Dualismus durch das Wiederaufleben der Krise um Schleswig-Holstein.

Die ersten Etappen auf dem Weg zu Preußens Führung

Deutsch-dänischer Krieg (1864)

1852 war im **Londoner Protokoll** die Zusammengehörigkeit von Schleswig und Holstein bestätigt worden. Holstein blieb im Deutschen Bund, Schleswig war mit Dänemark in Personalunion verbunden. 1864 betrieb der dänische König jedoch die Einverleibung Schleswigs. Daraufhin marschierten Österreich und Preußen im Auftrag des Deutschen Bunds in Schleswig ein. Die nationale Bewegung verlangte die Unabhängigkeit der Herzogtümer; die Großmächte blieben neutral.

30.10.1864	**Friede von Wien:** Dänemark muss Schleswig und Ansprüche auf Holstein und das Herzogtum Lauenburg an Österreich und Preußen abtreten.
14.8.1865	**Vertrag von Gastein:** Österreich soll Holstein und Preußen Schleswig verwalten. Lauenburg fällt an Preußen, dafür Geldentschädigung für Österreich.

Konflikt um Schleswig und Holstein

Erneut zeigte sich der Dualismus:

Preußen	Österreich
Schleswig und Holstein sollen Teil Preußens werden.	Schleswig-Holstein soll neuer Bundesstaat werden.

Um sein Ziel zu erreichen, provozierte Bismarck Österreich durch einen Antrag auf Bundesreform durch ein nach allgemeinem Wahlrecht gewähltes Parlament (April 1866). Im Gegenzug rief Österreich den Bundestag zur Entscheidung der schleswig-holsteinischen Frage an. Dieses Vorgehen wertete Preußen als Bruch des Gasteiner Vertrags und beantragte den

Ausschluss Österreichs aus dem Deutschen Bund. Daraufhin beschloss der Bundestag auf österreichischen und bayrischen Antrag die Teilmobilmachung gegen Preußen. **Preußen** trat aus dem Deutschen Bund aus und **marschierte in Holstein ein.**

Preußisch-österreichischer Krieg (1866)

In diesem Krieg ging es um die Vorherrschaft in Deutschland.

Bundesgenossen Preußens	Bundesgenossen Österreichs
17 kleinere norddeutsche Staaten	Bayern, Württemberg, Sachsen, Hannover, Baden, Kurhessen, Hessen-Darmstadt und vier weitere

Die militärische Entscheidung fiel zugunsten Preußens in der **Schlacht von Königgrätz** in Nordböhmen **(3. 7. 1866).** Der endgültige **Friedensschluss** erfolgte **in Prag (23. 8. 1866).** Preußen verzichtete auf österreichische Gebietsabtretungen. Dafür stimmte Österreich folgenden Punkten zu:

- **Auflösung des Deutschen Bunds,**
- Annexionen aller gegnerischen Staaten nördlich der Mainlinie (außer Sachsens und des südlichen Teils des Großherzogtums Hessen) durch Preußen,
- Neugestaltung Deutschlands ohne Beteiligung Österreichs,
- Abtretung seiner Rechte in Schleswig-Holstein an Preußen.

Damit schied Österreich aus der deutschen Geschichte aus und der Weg zu einer kleindeutschen Lösung war frei.

8

Norddeutscher Bund (1866–1871)

Preußen (mit den annektierten Gebieten) bildete mit den Bundesgenossen von 1866 sowie Sachsen und Hessen-Darmstadt am 5. 6. 1866 den Norddeutschen Bund. Seine Verfassung wurde zum Vorbild des Deutschen Kaiserreichs. Sie hatte liberale, demokratische und monarchische Züge und schrieb die Hegemonie Preußens fest.

Verfassung des Norddeutschen Bunds

- Bundesstaat unter preußischer Hegemonie
- konstitutionelle Monarchie
- erbliches Bundespräsidium, mit dem Oberbefehl über das Heer: liegt bei Preußen (Wilhelm I.)
- Bundeskanzler Bismark: vom Bundespräsidenten ernannt und an sein Vertrauen gebunden
- Länderkammer: Bundesrat mit von den Regierungen der Bundesstaaten ernannten Vertretern; Dominanz Preußens (Vetomöglichkeit mit 17 von 43 Stimmen bei Verfassungsänderungen, für diese ⅔-Mehrheit nötig)
- Volksvertretung: Reichstag, mit allgemeinem, gleichem und direktem (Männer-)Wahlrecht gewählt
- Legislative: Übereinstimmung der Mehrheitsbeschlüsse von Bundesrat und Reichstag

Im letzten Artikel der Verfassung war die Möglichkeit des Beitritts der süddeutschen Staaten formuliert. Schon im August 1866 hatte Preußen mit ihnen Militärbündnisse für den Kriegsfall geschlossen. Die nationale **Einigung unter preußischer Hegemonie** war eingeleitet.

8.2 Konflikt um die Heeresreform in Preußen (1860–1866)

Prinz Wilhelm (*1797, †1888) wurde nach dem Tod seines Bruders Friedrich Wilhelm IV. 1861 König und leitete mit der

Berufung liberaler Minister eine **„Neue Ära"** ein. Doch ein Konflikt mit der liberalen Mehrheit im preußischen Abgeordnetenhaus über die Heeresreform beendete diese liberale Phase.

Das **Ziel der Heeresreform** war die Steigerung der militärischen Effizienz des unter dem Oberbefehl des Monarchen stehenden Heeres; zum Konflikt kam es über folgende Punkte:

- Verstärkung der regulären Truppen und der im Kriegsfall einberufenen Landwehr (Bürgermiliz),
- Zurückstufung der Landwehr zur Reserve,
- Verlängerung der Dienstzeit von 2 auf 3 Jahre.

1860	Die liberale Mehrheit des Abgeordnetenhauses versteht die Heeresreform als **Machtzuwachs der Krone** und lehnt das Budget (Haushalt) und damit die für die Heeresreform vorgesehenen Ausgaben ab.
1861/62	Auflösung des Landtags (Abgeordneten- und Herrenhaus), nach **Neuwahlen** Abgeordnetenhaus mit größerer liberaler Mehrheit, erneute Verweigerung des Haushalts
1862	Ernennung Bismarcks zum Ministerpräsidenten (8.10.)
1862–66	Bismarck regiert gegen die parlamentarische Mehrheit und ohne verfassungsgemäß bewilligtes Budget. Er begründet dies mit der **„Lückentheorie"** (↑S. 70).
seit 1860	Durchführung der Heeresreform
1866	Das Abgeordnetenhaus (230 : 75) nimmt nach dem Frieden von Prag die **Indemnitätsvorlage** an (3. 9.): nachträgliche staatsrechtliche Entlastung für die budgetlose Regierung (1862–66); Ende des Konflikts.

Bismarck hatte im Heereskonflikt erfolgreich den Wunsch nach nationaler Einigung gegen liberale Überzeugungen ausgespielt und so eine **Spaltung der Liberalen** erreicht: 1867 entstand die

Nationalliberale Partei, die zur Zusammenarbeit bereit war. Die Fortschrittspartei lehnte Kompromisse ab (↑S. 75).

Bismarcks „Lückentheorie“

Die Verfassung bestimme nichts für den Fall, dass Abgeordnetenhaus (Volksvertretung), Herrenhaus (1. Kammer des Hochadels) und Krone sich bei der Gesetzgebung nicht einigen könnten. In dieser „Lücke“ greife das monarchische Prinzip (Vorrang des Monarchen vor den anderen Verfassungsorganen).

8.3 Deutsch-Französischer Krieg und Gründung des Deutschen Reichs (1870/71)

Provozierte Kriegserklärung Frankreichs

Der Konflikt entstand aus der Kandidatur eines Prinzen aus einer Nebenlinie der preußischen (Hohenzollern-)Dynastie für den vakant gewordenen spanischen Thron:

- Protest des französischen Kaisers Napoleon III. (1852–1870, *1808, †1873), da die Kandidatur für Frankreich eine Umklammerung durch die Hohenzollern bedeutet hätte.
- Bismarck förderte die Kandidatur: Er suchte einen diplomatischen Anlass für einen militärischen Konflikt mit Frankreich; nur nach einer militärischen Niederlage würde Frankreich die deutsche Einigung akzeptieren.
- Der Prinz zog seine Kandidatur zurück.
- Der französische Botschafter verlangte trotzdem vom entrüsteten preußischen König, der sich zur Kur in Bad Ems aufhielt, eine Erklärung, dass dieser nie wieder einer solchen Kandidatur zustimmen werde.

Den telegrafischen Bericht des Königs darüber an seine Regierung gab Bismarck nach verschärfender Kürzung als **Emser Depesche** bekannt (13. 7. 1870). Auf diese Provokation erfolgte die Kriegserklärung Frankreichs an Preußen (19. 7.1870).

Niederlage Frankreichs und Kaiserkrönung Wilhelms I.

Entgegen den französischen Erwartungen stellten sich die süddeutschen Staaten, Bayern, Baden, Württemberg und die Pfalz, an die Seite des Norddeutschen Bunds. Die Nachbarstaaten blieben neutral. Nach dem preußischen Sieg in der **Schlacht bei Sedan** (**1./2. 9. 1870**) kapitulierte die französische Armee. Auf den Vorfrieden von Versailles folgte der Friedensschluss in Frankfurt am Main.

Friede von Frankfurt/Main (10. 5. 1871)

Das gedemütigte Frankreich musste Elsass und Lothringen an Deutschland abtreten, eine Kriegsentschädigung von 5 Mrd. Francs zahlen und die deutsche Einigung akzeptieren.

Bismarck erreichte den Zusammenschluss der süddeutschen Staaten mit dem Norddeutschen Bund zum Deutschen Reich. Am 18. 1. 1871 wurde **König Wilhelm I. von Preußen** im Spiegelsaal von Versailles **zum deutschen Kaiser** ausgerufen.

Bismarcks Kaiserreich

Bismarck verwirklichte mit der Reichsgründung 1871 die Ziele der nationalen Bewegung. Er konnte Deutschland im europäischen Machtgefüge etablieren, doch verzögerte er die Demokratisierung von Politik und Gesellschaft.

8.4 Die Reichsverfassung von 1871

Die Verfassung des Deutschen Reichs entsprach der des Norddeutschen Bunds. Souverän des Bundesstaats waren die Monarchen der 22 Fürstentümer und die Senate der drei Freien Städte Hamburg, Lübeck und Bremen. Das entsprach der Art der Reichsgründung: Sie war nicht durch das Volk bzw. in einer Revolution erfolgt, sondern „von oben“.

Schwerpunkte der Verfassung

Hegemonie Preußens	Monarchisches Prinzip (Kompetenzen des Kaisers)
▪ Übergewicht im Bundesrat (17 von 58 Vertretern bei Vetorecht ab 14 Stimmen für Verfassungsänderung) ▪ „Deutscher Kaiser“ = „König von Preußen“ ▪ Reichskanzler = preußischer Ministerpräsident ▪ 62 Prozent der Bevölkerung und 65 Prozent der Fläche des Deutschen Reichs	▪ militärische Kommandogewalt ohne parlamentarische Kontrolle ▪ völkerrechtliche Vertretung: bestimmt faktisch die Außenpolitik ▪ Einberufung und Auflösung des Reichstags ▪ Reichskanzler ist dem Kaiser und nicht dem Reichstag verantwortlich

8.5 Innenpolitik

Bismarcks Politikverständnis und Verhältnis zu den Parteien

Otto von Bismarck war 1871–90 Reichskanzler und preußischer Ministerpräsident. Er verstand Politik als pragmatische, ideologiefreie **„Realpolitik“**. Sein Lebensziel waren der Dienst an der Krone und die Hegemonie Preußens. Der nationalen und liberalen Bewegung seiner Zeit stand er distanziert gegenüber; er machte sie sich jedoch zunutze, um Preußen zu stärken.

Parteien stand Bismarck grundsätzlich ablehnend gegenüber, da sie in seinen Augen nicht das Gemeinwohl, sondern nur Gruppeninteressen vertraten. Deshalb wechselte er je nach Bedarf seine Bündnisse mit ihnen in einer sog. **Schaukelstuhlpolitik.**

Parteien im Kaiserreich

Nationalliberale Partei, gegr. 1867	konservativ-liberal, führend: Rudolf von Bennigsen (*1824, †1902) und Johannes von Miquel (*1828, †1901); bis 1878 Zusammenarbeit mit Bismarck
Fortschrittspartei, gegr. 1861, ab 1884 **Freisinnige Partei**	demokratisch-liberal, führend: Eugen Richter (*1838, †1906) und Rudolf Virchow (*1821, †1902); Gegner Bismarcks, außer im Kulturkampf
Deutsche Reichspartei, gegr. 1871, vorher **Freikonservative**	gemäßigt konservativ: bis 1878 Zusammenarbeit mit Bismarck
Deutsch-Konservative Partei, gegr. 1866	agrarische Interessen; 1872–1876 Gegner Bismarcks, dann Zusammenarbeit
Zentrum, gegr. 1870/71	Partei des politischen Katholizismus; führend: Ludwig Windthorst (*1812, †1891), bis 1878 Gegner Bismarcks,
Sozialistische Arbeiterpartei, gegr. 1875, 1890 neu gegr. als **Sozialdemokratische Partei Deutschlands**	sozialistische Programmatik, praktische Reformbereitschaft; führend: August Bebel, Wilhelm Liebknecht (↑S. 61)

Kulturkampf (1871–1887)

Die deutschen Katholiken betonten im überwiegend protestantischen Reich und gegen das religionsfeindliche Zeitklima ihre konfessionelle und kulturelle Eigenart und bildeten ein eigenes Milieu, d.h. eine eigene Lebensform aus. Das kollidierte mit dem protestantisch-preußischen Staatsverständnis, das eine selbstständige Kirche ablehnte: Der preußische Kultusminister ergriff deswegen im Einvernehmen mit Bismarck Maßnahmen gegen den Einfluss der katholischen Kirche in der Gesellschaft.

1871	**„Kanzelparagraph“:** Verbot politischer Predigten
1872	**Schulaufsichtsgesetz:** Einführung staatlicher Schulaufsicht (auch an kirchlichen Schulen), Ausschluss von Ordensangehörigen aus dem staatlichen Schuldienst
1872	**Verbot des Jesuitenordens**
1873	**„Maigesetze“:** staatliche Regelung der Ausbildung von Geistlichen, Eingriffe in die kirchliche Disziplinargewalt
1874	**Verbannungsgesetz:** Ausweisung opponierender Geistlicher
1874/75	obligatorische Einführung der **Zivilehe**
1875	**„Brotkorbgesetz“:** Einstellung staatlicher Zuschüsse an die katholische Kirche
1875	**Klostergesetz:** Aufhebung von Ordensniederlassungen in Preußen (außer krankenpflegerischen)

1876 waren in Preußen alle katholischen Bischöfe ausgewiesen oder verhaftet, fast ein Viertel der Pfarrstellen vakant. Das Zentrum verdoppelte aber 1873/74 in Preußen und im Reich seine Wählerzahlen. Zwischen 1878 und 1887 wurden schließlich die meisten Kampfgesetze aufgehoben. Doch das Verbot des Jesuitenordens, die staatliche Schulaufsicht, die Einrichtung der Zivilehe und der „Kanzelparagraph“ blieben bestehen. Auch die **Distanz der katholischen Bevölkerung** zum Reich blieb.

Sozialistengesetz und Sozialgesetzgebung

Ihr internationales, revolutionäres Programm machte die Sozialistische Arbeiterpartei Deutschlands für Bismarck zu einem Reichsfeind. Als 1878 zwei Attentate auf Kaiser Wilhelm I. verübt wurden, unterstellte die konservative Presse diese Anschläge zu Unrecht den Sozialdemokraten. Bismarck konnte mithilfe der Nationalliberalen den Reichstag zum „Gesetz gegen die gemeingefährlichen Bestrebungen der Sozialdemokratie“ (**Sozialistengesetz**) veranlassen.

Sozialistengesetz (21.10.1878)

Alle sozialdemokratischen, sozialistischen oder kommunistischen Versammlungen und Vereinigungen sowie die Gewerkschaften und die Parteipresse wurden verboten. Sozialisten drohte die Ausweisung oder das Gefängnis.

Das Gesetz verbot aber nicht die Partei, die bei den Reichstagswahlen wachsende Erfolge verbuchen konnte (seit 1890 stärkste Reichstagsfraktion). Es erwies sich als folgenreicher Fehlschlag: Viele Arbeiter entfremdeten sich dem Staat und banden sich noch stärker an die Ideen von Marx und Engels (↑S. 62 f.).

Mit einer die Auswüchse der Industrialisierung beschneidenden **Sozialgesetzgebung** versuchte Bismarck deshalb, die Arbeiter für den Staat zu gewinnen. Eingeführt wurden:

- **Krankenversicherung** (1883),
- **Unfallversicherung** (1884),
- **Alters- und Invalidenversicherung** (1889).

Das von Arbeitgebern und Arbeitnehmern gemeinsam finanzierte Sozialversicherungssystem galt weltweit als vorbildlich.

8.6 Bismarcks Bündnispolitik (1873–1887)

In seiner Bündnispolitik ging Bismarck von der Prämisse aus, dass nach der Reichsgründung eine weitere Machtsteigerung des Deutschen Reichs zu einem Krieg in Europa führen müsse.

Deshalb entwickelte er ein kompliziertes Bündnissystem zur Sicherung des Friedens. Seine **Grundgedanken** waren:

- Das Deutsche Reich ist „saturiert“, daher keine weitere territoriale Ausdehnung; → keine Kolonien
- keine starre vertragliche Bindung, sondern situationsbezogene, wendige Politik;
- weltpolitische Konstanten einkalkulieren: Rivalität zwischen England und Russland, Rivalität zwischen Russland und Österreich auf dem Balkan;
- besondere Gefährdungen: die Mittellage des Deutschen Reichs, die unversöhnliche Feindschaft Frankreichs und eine mögliche gegnerische Koalition europäischer Staaten.

Bismarck trachtete deshalb danach, dass alle europäischen Mächte auf Deutschland als Vermittler und Partner angewiesen seien. Indem ihre Interessenkoalitionen gegeneinander ausgespielt würden, sollte **Frankreich isoliert** werden.

Bündnisse

1873 –1881	**Dreikaiserabkommen** mit Österreich und Russland: Abwehr republikanischer und sozialistischer Gefahren; gemeinsames Vorgehen bei Angriff einer anderen Macht (Frankreich)
1879 –1918	**Zweibund** mit Österreich: gegenseitige Hilfe bei russischem Angriff; Neutralität bei Angriff einer anderen Macht (Frankreich, Italien)
1881 –1887	**Dreikaiserbündnis** mit Österreich und Russland: Erneuerung des Dreikaiserbündnisses; gegenseitige Neutralität im Kriegsfall
1882 –1914	**Dreibund** mit Österreich und Italien: gegenseitige Hilfe bei Angriff Frankreichs
1887 –1890	**Rückversicherungsvertrag** mit Russland: gegenseitige Neutralität bei Angriff durch eine andere Macht; deutsche Unterstützung der russischen Meerengeninteressen (im „geheimen Zusatzprotokoll“)

aus: Punch (London 1888, Autor unbekannt): „Dädalus warnt Ikarus"

Allgemeine Kennzeichen von Karikaturen

Kennzeichen sind die Parteilichkeit des Autors und die affektive bzw. moralische „Ladung". Der Autor will nicht sachlich informieren, sondern werten (warnen oder bloßstellen).

Mittel der Darstellung sind:

- Überdeutlichkeit: Übertreibung, Verkürzung, Drastik
- Komik: Ironie, Witz, Paradoxie (verblüffender Widerspruch gegen Wahrnehmungs- oder Denkgewohnheit), Parodie (Verwendung eines „Vorbilds" für einen unbedeutenden Inhalt), Situations-, Charakterkomik

Interpretation der Karikatur

Bei der Interpretation einer Karikatur muss man ihren Gegenstand, Kontext, Gehalt und die darstellerischen Mittel herausarbeiten. Für unser Beispiel sind dies:

Untersuchung

① **Gegenstand**
Reichskanzler Bismarck und Kaiser Wilhelm II. in der Konstellation des griechischen Mythos, „Caesarismus" als Schriftzug um die aufgehende Sonnenscheibe

② **antiker Kontext**
Der athenische Baumeister und Erfinder Dädalus und sein Sohn Ikarus wollen aus der kretischen Gefangenschaft fliehen. Dädalus warnt Ikarus davor, mit den von ihm konstruierten, durch Wachs zusammengehaltenen Flügeln der Sonne zu nahe zu kommen. Der übermütige, die Realität verkennende Ikarus wird das jedoch tun, ins Meer stürzen und ertrinken.
aktueller Kontext
Der Realpolitiker Bismarck warnt den realitätsblinden Wilhelm II. vor den Gefahren des Cäsarismus (hier: selbstherrliche, rücksichtslose Herrschaftsweise)

③ **Gehalt**
Behauptung einer Parallele zwischen antiker und aktueller Situation: Prognose eines Scheiterns Wilhelms II. („Ladung")

④ **Mittel**
Parodie und Charakterkomik: Beide werden antikisiert und dadurch schöner dargestellt, als sie wirklich waren. Wilhelm II. wird bloßgestellt, indem sein Größenwahn überdeutlich herausgestellt wird.

9 Die Ära Wilhelms II. , Imperialismus und Erster Weltkrieg

Wichtige Daten

1888–1918 Kaiser Wilhelm II.	Abweichung von Bismarcks Kurs in Innen- und Außenpolitik, Beginn einer aktiven Kolonialpolitik
1890 Entlassung Bismarcks	„persönliches Regiment“ Wilhelms II.
1880–1918 Imperialismus	durch die Industrialisierung beschleunigter Wettlauf der Mächte um die Aufteilung der Welt in Kolonien
1914–1918 Erster Weltkrieg	Stellungskrieg, Materialschlachten, Massenheere
11. 11. 1918 Waffenstillstand zwischen Deutschland und den Siegermächten	Eingeständnis der Niederlage nicht durch die verantwortliche OHL, sondern die Regierung
28. 10. 1918 Beginn der Novemberrevolution in Deutschland	Sturz der Monarchie, Kampf um die sozialistische bzw. demokratische Republik
9. 11. 1918 zweimalige Ausrufung der Republik	Spaltung der Revolution
16.–20. 12. 1918 Entscheidung des Reichsrätekongresses für eine parlamentarische Republik	Sieg der parlamentarischen Richtung der Revolution

9.1 Das Kaiserreich unter Wilhelm II.

Das „persönliche Regiment“ Wilhelms II.

Nach dem Tod Wilhelms I. 1888 folgte ihm für drei Monate sein liberaler, schwer kranker Sohn Friedrich III. (*1831, †1888). Nach dessen Tod bestieg sein Sohn Wilhelm II. (*1859, †1941) den Kaiserthron. Der junge, ehrgeizige Kaiser wollte einen stärkeren Einfluss auf die Innen- und Außenpolitik nehmen als sein Großvater: Am **20. 3. 1890 entließ er Bismarck.**

Innenpolitik

Im Inneren wollte Wilhelm II. im Gegensatz zu Bismarck einen liberalen und sozialen „neuen Kurs“ steuern:

- Das **Sozialistengesetz** (↑S. 76) wurde 1890 nicht erneuert.
- Die **Sozialgesetzgebung** (↑S. 76) für die Arbeiter wurde 1890/91 bzw. 1900–03 erweitert (Verbot der Kinderarbeit vor Vollendung der Schulpflicht, Arbeitszeitbegrenzungen, Schutz am Arbeitsplatz u. a.).

Außenpolitik und koloniale Ansprüche

Die Impulsivität und Selbstüberschätzung (↑S. 78 f.) Wilhelms II. suchten sich hier ihr Profilierungsfeld.

- Er unterließ 1890 die Erneuerung des Rückversicherungsvertrags mit Russland (↑S. 77).
- Bereits 1892 trat die **Blockbildung** ein, die Bismarck hatte vermeiden können: Frankreich und Russland schlossen eine Militärkonvention mit gegenseitigem Hilfeversprechen.
- 1894 wurde sie zum **französisch-russischen Zweibund** intensiviert (Ausbau der Wirtschaftsbeziehungen), während das deutsch-britische Verhältnis sich verschlechterte (↑S. 87 f.).

Das unter Bismarck „saturierte“ Deutschland verlangte ab 1897 lautstark seinen **„Platz an der Sonne“** (Staatssekretär des Äußeren, Bernhard von Bülow, 1897 vor dem Reichstag).

Auswirkungen der Industrialisierung

Wirtschaft

Im letzten Drittel des 19. Jh. wandelte sich Deutschland **vom Agrar- zum Industriestaat** und es wurde neben den USA und Großbritannien die größte Industrienation (↑S. 59). Es kam zu Betriebsvergrößerungen und wirtschaftlicher Konzentration. Großunternehmen, Filialbetriebe und Konsumgenossenschaften verdrängten Einzelhandelsgeschäfte und Handwerkerbetriebe. Das Volksvermögen wuchs.

Gesellschaft

Insgesamt stieg die **soziale Mobilität** an. Die ökonomische Dynamik veränderte die gesellschaftliche Struktur:

- Zum „alten“ (mittlere Grundbesitzer und Unternehmer, Beamte, freie Berufe, Kleinbauern, Handwerker, Kleinhändler) kam der **„neue“ Mittelstand,** die Angestellten.
- Die **sozialen Spannungen** zwischen Bürgertum und der wachsenden Schicht der Arbeiter (↑S. 60 ff.) wurden nicht gemildert, SPD und Gewerkschaften hatten steten Zulauf.
- Die Führungselite war zwar nach wie vor die feudale und altpreußische: Offiziere, hohe Regierungsbeamte, Adlige, v. a. der Landadel. Das **Großbürgertum,** erfolgreiche Industrielle, Bankiers, Großkaufleute, gewann aber in Interessenverbänden zunehmend politischen Einfluss.

Mentalität

Auch hier folgten der Industrialisierung Veränderungen: Neben der Herkunft bestimmte zunehmend auch **Leistung** die Stellung des Einzelnen. Das führte zu verbreiteter Hoffnung auf Wohlstand und gesellschaftlichen Aufstieg. Die bürgerlichen Schichten orientierten sich an der autoritären Staatsführung und der feudalen Führungsschicht. Die Arbeiterschaft kopierte, obwohl sie sich in einem Submilieu abgrenzte, bürgerliche

Geselligkeitsformen wie **Sport-, Gesangs- und Bildungsvereine** und beteiligte sich am Kult von Bismarck und Wilhelm II.

Ausbildung des Militarismus

Für den Mittelstand war der bürgerliche Reserveoffizier die Leitfigur. Entsprechend der Gründung des Reiches stand das Militär in hohem Ansehen, sodass sich ein Militarismus ausbildete (Paradebeispiel: „Der Hauptmann von Köpenick").

9.2 Imperialismus (1880–1918)

Der moderne Imperialismus (von lat. imperium „Befehlsgewalt", „Herrschaftsbereich") übersteigerte die Kolonialpolitik des 16. bis 18. Jh. Seit 1880 kämpften die europäischen Großmächte, die USA und Japan um die Aufteilung der Welt. Dieser Wettlauf führte zur Verbreitung der westlichen Zivilisation und Kultur.

Für die Kolonialvölker brachte er zwar ökonomischen und zivilisatorischen Fortschritt, aber auch Ausbeutung, Fremdbestimmung oder sogar Ausrottung. Immer zerstörte er ihre tradierte Eigenständigkeit.

Kennzeichen des Imperialismus

Ziel	Machtgewinn für die eigene Nation durch die Beherrschung möglichst vieler Gebiete
Voraussetzung	technischer Fortschritt der Industriellen Revolution
Unterstützung	schichtenübergreifend durch breite Kreise der Bevölkerung
Rechtfertigung	nationalistische, rassistische, sozialdarwinistische; vermeintlich humanitäre Argumente (Sendungsbewusstsein)

Afrika – ein bevorzugtes Objekt der imperialistischen Expansion

Seit dem 17. Jh. gab es an den afrikanischen Küsten europäische Stützpunkte. 1880–1912 wurde ganz Afrika Kolonialbesitz.

Europäische Kolonialpolitik in Afrika

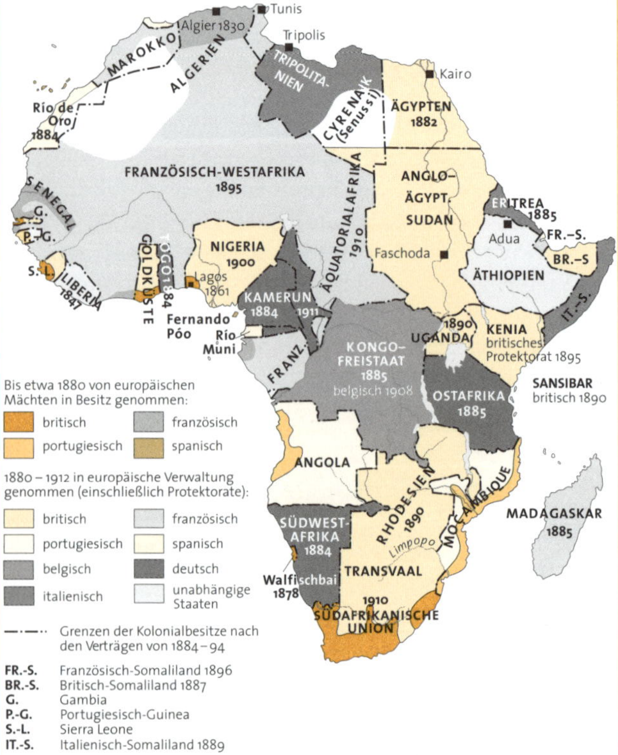

Imperialistische Expansion europäischer Staaten

Die Expansion begann mit der Aufteilung Afrikas. Das Vordringen in den asiatischen und pazifischen Raum um 1890 war ihr Höhepunkt.

Großbritannien

- **Gebiete:** Indien 1876, Ägypten 1882, Nigeria 1885, Betchuanaland 1885, Oberburma 1886, Kenia 1886, Rhodesien 1888–91, Uganda 1894, Burenrepubliken 1902, Südafrikanische Union 1910;
- **Ziele:** Erweiterung und Sicherung des Empire, v. a. seiner Verbindungslinien (Kap-Kairo-Plan);
- **Herrschaftsweise: „indirect rule"**, d. h. Regierung durch zentrale Behörden mit minimalem Verwaltungsstab in Zusammenarbeit mit eingeborenen Führungsschichten; neben der Annexion von **„Kronkolonien" Protektorate** (Schutzgebiete) und („weiße") **„Dominions"** (Neuseeland, Kanada, Australien, Südafrika) mit innerer Selbstverwaltung;
- **Legitimierung:** ökonomisch, rassistisch, sozialdarwinistisch, Sendungsbewusstsein (Förderung von Fortschritt und Zivilisation).

Sozialdarwinismus

Diese Theorie übertrug Charles Darwins Evolutionstheorie (*1809, †1882) aus der Biologie auf soziale bzw. zwischenstaatliche Verhältnisse: Im Kampf der Nationen um das Dasein könnten nur die stärksten überleben (natürliche Auslese).

Frankreich

- **Gebiete:** Tunesien 1881, Guinea 1882, Annam 1883, Tonking 1884, Kambodscha 1886, Sudan 1892, Elfenbeinküste 1893, Laos 1893, Frz.-Westafrika 1904;

- **Ziele:** Abrundung des Besitzes in Indochina und Ozeanien; Errichtung eines Reichs in Afrika; Kompensation für die Niederlage von 1871 (↑S. 70f.);
- **Herrschaftsweise: zentrale Bürokratie** zur kulturellen Angleichung und militärischen Rekrutierung, oft rücksichtslos; **Annexion, Protektorate;**
- **Legitimierung:** ökonomisch, kulturell-zivilisatorisches Sendungsbewusstsein mit dem Ziel der **„Assimilierung“** der Einheimischen (Verbreitung der französischen Sprache und des Erziehungssystems, Einführung des Code civil, ↑ S. 32).

Russland

- **Gebiete:** Pamir 1895, Port Arthur 1898, Mandschurei 1900;
- **Ziele:** keine überseeischen Einflussgebiete, sondern Vergrößerung des eigenen Territoriums auf dem asiatischen Kontinent; eisfreie Häfen zwecks Zugangs zu den Weltmeeren;
- **Herrschaftsweise: Annexion,** Schaffung von **Einflusszonen** im Vorfeld, informeller (ökonomischer) Imperialismus: Anlage von Häfen (1860 Wladiwostok/Mandschurei, 1898 Pacht von Port Arthur/China), Bau von Eisenbahnlinien (1891–1904 Transsibirische Eisenbahn);
- **Legitimierung: Panslawismus** (Wunsch nach dem Zusammenschluss der slawischen Völker) unter russischer Hegemonie, gegen das Osmanische Reich und Österreich-Ungarn gerichtet.

Deutsches Reich

- **Gebiete:** Togo, Kamerun, Deutsch-Südwestafrika, Bismarckarchipel und Kaiser-Wilhelm-Land 1884, Deutsch-Ostafrika 1885, Marshallinseln 1885, Kiautschou 1898, Marianen, Karolinen, Palau- und Samoa-Inseln 1899;
- **Ziele:** bis 1890 staatlicher Schutz für private Erwerbungen hanseatischer Kaufleute oder Handelsfirmen, nach 1890 Besetzen der von den Rivalen übrig gelassenen Nischen;

- **Herrschaftsweise: Protektorate** mit Untertanen ohne deutsche Staatsangehörigkeit; **informeller Einfluss** in China und im Osmanischen Reich;
- **Legitimierung:** ökonomisch, nationalistisch, sozialdarwinistisch.

9.3 Erster Weltkrieg (1914–1918)

Der Weg in den Krieg (1896–1914)

Das Verhältnis der Großmächte kehrte sich um die Jahrhundertwende im Vergleich zur Bismarck-Ära um: Deutschland isolierte sich zunehmend selbst, bis es nur noch Österreich als zuverlässigen Bündnispartner besaß. Frankreichs Isolation löste sich auf: Mit Russland war es seit 1892 verbündet, mit England glich es die kolonialpolitischen Rivalitäten aus.

Deutscher Affront gegen Großbritannien

Deutschland ignorierte Englands imperialistische Interessen und sein Selbstverständnis als führende Seemacht.

1896	**Krüger-Depesche:** demonstrative Parteinahme Wilhelms II. für die von England bedrohten Burenrepubliken (↑ S. 85) in einem Telegramm an den südafrikanischen Politiker Paulus Krüger (*1825, †1904)
1898	Beginn des deutschen **Flottenbauprogramms,** initiiert von Alfred von Tirpitz (*1849, †1930), unterstützt vom **Deutschen Flottenverein** (gegr. 1898) Folge: England sieht seinen „Two-Power-Standard", gefährdet, d. h. seine Flotte müsse so stark sein wie die Flotten der beiden nächstgrößeren Mächte zusammen

1898	**Orientreise Wilhelms II.:** Wirtschaftliches und politisches Eindringen in englisches Interessengebiet
1899/1903	Konzession der Türkei für deutschen Bau der **Bagdadbahn,** Folge: England sieht Indien bedroht

Deutschlands Isolation

Deutschlands Rücksichtslosigkeit einte die anderen Mächte.

1898–1901	Deutschland lehnt mehrere Bündnisangebote Englands ab, da man eine Verständigung Englands mit Russland oder Frankreich für unmöglich hält.
1898	**Faschodakrise:** Nach Truppenberührungen bei Faschoda (Ort am oberen Nil) grenzen England und Frankreich ihre Interessensphären ab (oberes Niltal an England, westlicher Sudan an Frankreich).
1899	**Sudanvertrag:** England und Frankreich grenzen ihre Interessensphären in Zentralafrika ab.
1902	Interessenausgleich zwischen Frankreich und Italien in Nordafrika (Marokko an Frankreich, Tripolis an Italien): Aufweichung des Dreibunds (↑S. 77)
1904	**Entente cordiale** zwischen England und Frankreich: Bekräftigung des Interessenausgleichs in Afrika
1907	Interessenausgleich zwischen England und Russland in Asien

Ausbruch des Ersten Weltkriegs: Juni bis August 1914

Am 28.6.1914 ermordeten Mitglieder der nationalistischen serbischen Geheimorganisation „Schwarze Hand“ den österreichischen Thronfolger, Erzherzog Franz Ferdinand (*1863, †1914), und seine Frau in der bosnischen Hauptstadt Sarajevo. Dies stürzte Europa in eine Krise, die zum Weltkrieg führte.

Anlass und Ursachen für den Kriegsausbruch	
Anlass	▪ Ermordung des österreichischen Thronfolgers
kurzfristige Ursachen	▪ deutscher Blankoscheck an Österreich ▪ österreichisches Ultimatum an Serbien ▪ überstürzte Mobilmachungen und Ultimaten
mittelfristige Ursachen	▪ Verhärtung des Bündnissystems seit 1902 ▪ internationale Krisen seit 1905 ▪ Wettrüsten, deutsch-englische Flottenrivalität ▪ „kriegerische" öffentliche Meinung ▪ Vorstellung von der Unvermeidbarkeit eines begrenzten europäischen Kriegs ▪ Schwäche des Osmanischen Reichs
langfristige Ursachen	▪ internationale Beziehungen seit 1871 ▪ Imperialismus ▪ Probleme des österreichischen Vielvölkerstaates (Autonomiebestrebungen, Panslawismus)

Nach dem Attentat von Sarajevo setzte der **Mechanismus** der seit den 1870er-Jahren entstandenen Bündnisse und militärischen Aufmarschpläne ein:

9

5./6.7. 1914	Deutschland sichert Österreich seine unbedingte Bündnistreue zu („Blankovollmacht").
23.7.	Österreich stellt Serbien ein Ultimatum (Bestrafung der Schuldigen und Bekämpfung der anti-österreichischen Umtriebe mit seiner Beteiligung).
28.7.	Österreich erklärt Serbien den Krieg.
29.7.	Russland beginnt die Teilmobilmachung.
1.8.	Deutschland beginnt die allgemeine Mobilmachung und erklärt Russland den Krieg.
1.8.	Frankreich beginnt die Mobilmachung.
3.8.	Deutschland erklärt Frankreich den Krieg.
3./4.8.	Deutschland marschiert in das neutrale Belgien ein.

4.8. 1914	England stellt Deutschland ein Ultimatum zur Achtung der belgischen Neutralität (kommt einer Kriegserklärung gleich).
6.– 12.8.	Kriegserklärung Serbiens an Deutschland (6.8.), Österreichs an Russland (6.8.), Frankreichs an Österreich (11.8.) und Englands an Österreich (12.8.)

Verlauf des Ersten Weltkriegs: 1914–1917

Im Ersten Weltkrieg standen die Mittelmächte und die Entente cordiale (↑S. 88) einander feindlich gegenüber. Während des Kriegs schlossen sich fast alle Staaten der Welt der Entente an.

Mittelmächte	Deutschland, Österreich, das Osmanische Reich und Bulgarien (ab 1915)
Entente cordiale	Frankreich, Russland, England, Belgien, Serbien, Montenegro und Polen

Krieg im Westen und im Osten

Bis September 1915 errangen die Mittelmächte im Osten große Erfolge. Trotz wechselvoller Schlachten konnte die **Ostfront bis 1917 gehalten** werden.

Im Westen sollte eine rasche Entscheidung durch die Umfassung des französischen Heeres mit dem rechten Flügel nach dem sog. **Schlieffen-Plan** (benannt nach Graf Alfred von Schlieffen (*1833, †1913)) fallen. Mit dieser Strategie sollte der gefürchtete Zweifrontenkrieg bestanden werden. Die schnellen Truppenbewegungen führten zum **Bewegungskrieg,** der jedoch bereits im Winter 1914 zum **Stellungskrieg** wurde.

Seekrieg

Bei Kriegsbeginn konnte England eine Seeblockade gegen Deutschland errichten, die kriegsentscheidend sein sollte. Beide

	Bewegungskrieg	Stellungskrieg
wichtige Schlachten	**Marneschlacht** (5.–12. 9. 1914): Ein französischer Angriff stoppt den weitesten deutschen Vorstoß, darauf ziehen sich die Deutschen bis Aisne zurück.	**Kampf um Verdun** (21. 2.–Dez. 1916): Nach deutschen Anfangserfolgen zwingen hohe Verluste zum Abbruch der Zermürbungs- und Materialschlacht.
	Schlacht bei Tannenberg (26.–30. 8. 1914): In einer Umfassungsschlacht wird eine russische Armee vernichtet.	**Schlacht an der Somme** (24. 6.–26. 11. 1916): Englisch-französische Durchbruchsversuche misslingen.

1915: Jahr des Stillstands; Italien wechselt Seiten

Seiten verließen den traditionellen Rahmen der Seekriegsführung, indem sie Minen- und U-Boote einsetzten. Deutschland eröffnete am 2. 2. 1915 den U-Boot-Krieg gegen bewaffnete Handelsschiffe und erklärte am 22. 2. 1915 den uneingeschränkten U-Boot-Krieg (unterbrochen am 6. 3. 1916, wieder aufgenommen am 1. 2. 1917).

Versenkung der „Lousitania" 1915

Auswirkungen des Kriegs auf die Heimat

In Deutschland rief der Kriegsbeginn Erleichterung und Begeisterung in der Bevölkerung hervor. Parteien und gesellschaftliche Gruppierungen schlossen den **„Burgfrieden“.** Selbst die SPD stimmte im Reichstag den Kriegskrediten zu. Die Gewerkschaften verzichteten auf Streiks, die Presse erlegte sich eine Selbstzensur auf. Doch mit zunehmender Dauer belastete der Krieg die Zivilbevölkerung. Die „Heimat“ wurde zum **totalen Kriegseinsatz** aufgerufen:

- Militärbehörden lenkten die Wirtschaft,
- in der Rüstungsproduktion waren zunehmend Frauen tätig,

- im Dezember 1916 wurde für alle nicht eingezogenen Männer eine Arbeitspflicht verhängt.

Zudem kam es im Winter 1916/17 zu einem Mangel an Brot, Kartoffeln und Brennmaterial.

Ende des Ersten Weltkriegs: 1917–1918

Kriegseintritt der USA (1917) und der Frieden von Brest-Litowsk (1918)

Anfangs unterstützten die USA die Entente mit Sachlieferungen. Auf die deutsche Ankündigung des uneingeschränkten U-Boot-Kriegs reagierten sie am 6. 4. 1917 mit der **Kriegserklärung an Deutschland und** am 7. 12. 1917 **an Österreich.** Im selben Jahr wurde in Russland der Zar gestürzt und von dem nachfolgenden kommunistischen Regime (↑S. 100f.) der **Friede von Brest-Litowsk** geschlossen.

Friedensschluss von Brest-Litowsk (3. 3. 1918)

Die neue russische Regierung unter Lenin (↑S. 100) schließt einen Separatfrieden mit den Mittelmächten. Sie akzeptiert den Verzicht auf Finnland, Polen, die Ukraine und die baltischen Länder und scheidet aus dem Ersten Weltkrieg aus.

Waffenstillstandsbemühungen

Am 11. 11. 1918 kam auf der Basis der „14-Punkte" des amerikanischen Präsidenten der **Waffenstillstand in Compiègne** zustande, der zu Friedensschlüssen zwischen den 27 Siegerstaaten und den Mittelmächten führte. Dem waren Waffenstillstandsbemühungen von deutscher Seite vorausgegangen, nachdem im August/September 1918 der militärische Zusammenbruch der Mittelmächte bevorstand:

- Die **Oberste Heeresleitung** (OHL) unter **Paul von Hinden-**

burg (*1847, †1934) und **Erich Ludendorff** (*1865, †1937) erklärte die Fortführung des Kriegs für aussichtslos und verlangte am 29. 9. 1918 ein Waffenstillstandsersuchen.

- Die neue deutsche Regierung unter **Prinz Max von Baden** (*1867, †1929) berief sich bei ihrem Waffenstillstandsangebot vom 3./4. 10. 1918 auf die **„14-Punkte“.**

Wilsons „14-Punkte“ (1918)

Der Präsident der USA, Thomas Woodrow Wilson (*1856, †1924), verkündete sie am 8. 1. 1918 als Prinzipien für die Friedensordnung nach dem Ersten Weltkrieg. Er forderte u. a. einen Völkerbund als Friedensgaranten, die Abschaffung der Geheimdiplomatie und von Wirtschaftsbeschränkungen, die Regelung der kolonialen Ansprüche, Rüstungsbeschränkungen und das Selbstbestimmungsrecht der Völker.

Machtpolitische Ergebnisse des Ersten Weltkriegs

Infolge des Einsatzes von Technik in neuartiger Effizienz und Masse (Produkt der Industriellen Revolution, ↑ S. 54 ff.) forderte der Erste Weltkrieg 8 Mio. Tote und 20 Mio. Verwundete und verursachte unvorstellbar hohe Kosten.

Der in seinen Dimensionen neuartige Krieg führte eine Umgestaltung der weltpolitischen Machtverhältnisse herbei:

- Er führte zum **Untergang** der drei großen Monarchien **Russlands,** des **Deutschen Reichs** und **Österreich-Ungarns.**
- Auch die Siegermächte Frankreich und England verloren ihre internationale Machtstellung. Europa gab die **weltpolitische Führung an die USA** ab.
- Mit der russischen Oktoberrevolution (↑ S. 100 f.) begann die ideologisch motivierte **Blockbildung** zwischen demokratischen und sozialistischen Staaten (↑ S. 161 ff.).

9.4 Novemberrevolution (1918)

Erst als die militärische Niederlage absehbar war, wehrte sich die OHL, die seit 1916 faktisch eine Militärdiktatur errichtet hatte, nicht mehr gegen eine Verfassungsänderung. Am **28. 10. 1918** wurde der Reichskanzler vom Vertrauen des Parlaments abhängig gemacht. Damit wandelte sich das Deutsche Reich von einer konstitutionellen zu einer **parlamentarischen Monarchie.** Trotzdem kam es bei Kriegsende zu einer **Revolution**. Ihre Führung war gespalten; dies zeigte sich in der zweimaligen **Ausrufung der Republik** am 9. 11. 1918 durch Philipp Scheidemann (MSDP; *1865, †1939) und Karl Liebknecht (Spartakusbund, *1871, †1919).

	Gemäßigte Richtung	Radikale Richtung
Vertreter	MSPD, Räte	USPD, Spartakus, KPD, Räte
Ziel	parlamentarische Republik, Zusammenarbeit mit den Eliten des Kaiserreichs	sozialistische Räterepublik nach russischem Vorbild (↑ S. 101)

Die Spaltung wird deutlich an der Entwicklung der SPD:
- Weil sie die Zustimmung der SPD zu den Kriegskrediten nicht mehr guthieß, spaltete sich 1916 eine revolutionäre Fraktion im Reichstag ab.
- Diese gründete 1917 die von den „Mehrheitssozialdemokraten“ (**MSPD**) „Unabhängige sozialdemokratische Partei Deutschlands“ (**USPD**).
- Von ihr trennte sich im Nov. 1918 der äußerste linke Flügel unter **Karl Liebknecht** (Sohn von W. Liebknecht, ↑ S. 61) und **Rosa Luxemburg** (*1870, †1919) als **Spartakusbund.**
- Aus diesem ging im Dezember 1918 die Kommunistische Partei Deutschlands (**KPD**) hervor.

Verlauf der Revolution (1918)

28.10.	Beginn der **Meuterei auf der Hochseeflotte** in Wilhelmshaven gegen einen umstrittenen Befehl
Nov.	Bildung von **Arbeiter- und Soldatenräten** nach russischem Muster, Ausrufen von Republiken
9.11.	Reichskanzler Max von Baden gibt eigenmächtig die Abdankung des Kaisers bekannt und übergibt sein Amt an den MSPD-Vorsitzenden Friedrich Ebert (*1871, †1925, ↑S. 104)
9.11.	**Philipp Scheidemann** (MSPD) ruft vom Reichstag die Deutsche Republik aus.
9.11.	**Karl Liebknecht** (Spartakus) proklamiert vom kaiserlichen Schloss die Sozialistische Republik.
10.11.	MSPD und USPD bilden eine provisorische Reichsregierung aus je drei Vertretern, den **„Rat der Volksbeauftragten"**; die Berliner Räte wählen den die Räterepublik anstrebenden „Vollzugsrat der Arbeiter- und Soldatenräte".
10.11.	Bündnis der OHL und der Regierung gegen die sozialistische Revolution **(„Ebert-Groener-Pakt")**
15.11.	Abkommen über eine „Zentralarbeitsgemeinschaft" (ZAG) zwischen Industrie und Gewerkschaften
28.11.	**Abdankung des Kaisers** im holländischen Exil
16.–20.12.	**Allgemeiner Rätekongress:** Ablehnung des Rätesystems, Beschluss von Wahlen zur Nationalversammlung (Ausarbeitung einer Verfassung für eine parlamentarische Republik)
29.12.	Austritt der USPD aus dem „Rat der Volksbeauftragten"

Die gemäßigte Richtung setzte sich durch, weil sie zur Zusammenarbeit mit den alten Eliten bereit war (Ebert-Groener-Pakt, ZAG). Doch waren weder diese noch die radikalen Revolutionäre innerlich für den neuen Staat gewonnen.

Es gibt drei wesentliche Erklärungsansätze für die Entstehung des Imperialismus. Jeder enthält berechtigte Argumente, doch ist der Imperialismus kein monokausales Phänomen.

Ökonomischer Erklärungsansatz

Nach **John A. Hobson** (*1858, †1940):

- Die steigende Produktivität und Kapitalkraft finden auf dem Binnenmarkt des Industriestaats nicht genügend Nachfrage bzw. Investitionsmöglichkeiten.
- Deshalb drängen einflussreiche Wirtschaftskreise den Staat zur Expansion in Übersee.

Nach **Wladimir I. Lenin** (*1870, †1924):

- Der Imperialismus ist das Endstadium des Kapitalismus, der sich zum Monopolkapitalismus gesteigert hat.
- Zwischen den Industriestaaten tobt ein Wettkampf der Kapitaloligarchien um die Beherrschung der Märkte.
- Deshalb expandieren die Industriestaaten in ökonomisch rückständige Gebiete.
- Nach abgeschlossener Aufteilung der Welt wird das kapitalistische System im (Ersten) Weltkrieg zusammenbrechen.

Kritik am ökonomischen Erklärungsansatz

Der Zusammenhang zwischen Kapitalexport und Kolonialerwerb war nicht zwingend: Russland, Italien und Japan betrieben eine Expansion, obwohl sie selbst kapitalarm waren; Frankreich und Deutschland wiederum investierten ihr Auslandskapital überwiegend in nicht kolonialen Gebieten.

Sozialimperialistischer Erklärungsansatz

Nach **Hans U. Wehler** (*1931):

- Haupttriebkraft war die Ablenkung von inneren Problemen der Industriestaaten.
- Die Führungsschichten versuchten durch die Stärkung des Nationalgefühls infolge der kolonialen Erwerbungen die Ordnung in Staat, Gesellschaft und Wirtschaft zu stabilisieren.

Kritik am sozialimperialistischen Erklärungsansatz

Dieser Ablenkungsversuch war nur ein Teilmotiv und keine bloß manipulative Strategie; die Faszination der Zeitgenossen am Kolonialerwerb war echt; zudem existierten ökonomische Motive (Überzeugung, dass neue Außenmärkte die inneren Konjunkturschwankungen ausgleichen könnten).

Peripherieorientierter Erklärungsansatz

Vor allem **in Großbritannien** entwickelt:

- Statt des eurozentrischen Fokus müssen die Vorgänge in den späteren Kolonien selbst stärker beachtet werden.
- Der Kolonisationsprozess wurde oft von „weißen" Abenteurern, Kaufleuten, Siedlern, Militärs und Diplomaten auf eigene Faust und auch gegen den Willen der eigenen Regierung vorangetrieben.

  Cecil Rhodes (*1853, †1902) für England,
  Carl Peters (*1856, †1918) für Deutschland

- Der Übergang von der informellen Einflussnahme zur politischen Beherrschung war oft die Folge von politischen Wirren in den Kolonien, der Verschuldung einheimischer Herrscher oder der Kooperation der Führungsschichten mit Europäern.

10 Russische Revolutionen

Wichtige Daten

1903 Spaltung der russischen Sozialdemokratischen Arbeiterpartei in Menschewiki und Bolschewiki	Beginn des ideologischen und politischen Sonderwegs der von Lenin geführten Bolschewiki
1905 Revolution gegen die Autokratie des Zaren	Aufstand der „Gebildeten" für eine gerechte Sozial- und Wirtschaftsordnung
12.3.1917 Ausbruch der Februarrevolution	Machtkampf zwischen den Soldaten- und Arbeiterräten und der parlamentarischen Regierung
15.3.1917 Rücktritt von Zar Nikolaus II.	Zusammenbruch der Monarchie
7./8.11.1917 Ausbruch der Oktoberrevolution	Die Bolschewiki verhaften die „Provisorische Regierung".
8.11.1917 (2.) Allrussischer Rätekongress billigt die Machtübernahme der Bolschewiki	Dekrete über das Ausscheiden aus dem Krieg und die Enteignung der Großgrundbesitzer; der „Rat der Volkskommissare" wird als Regierung eingesetzt.
10.7.1918 Verabschiedung der Verfassung der „Russischen Sozialistischen Föderativen Sowjetrepublik" (RSFSR)	konstitutioneller Abschluss der Machtübernahme der Bolschewiki

10.1 Die Revolution von 1905

Missstände in Russland um 1900

Verwaltung, Justiz und Bildungswesen wurden in der Reformära unter Zar Alexander II. (*1855, †1881) zwar modernisiert, aber nicht demokratisiert. Die **Bauernbefreiung** von 1861 hob für 47 Mio. Bauern die Leibeigenschaft auf. Doch der stark anwachsende Bauernstand (1917: 80% der Bevölkerung) litt unter **Verarmung** und **Verschuldung** aufgrund der zu geringen Landzuteilungen und zu hohen Ablösesummen. Eine permanente **revolutionäre Gärung** gegen die zaristische Autokratie wurde erzeugt von:

- der zunehmenden Verarmung der Bauern,
- der Ende des 19. Jh. punktuell einsetzenden Industrialisierung,
- dem Eindringen aufklärerischer und sozialistischer Gedanken in das zahlenmäßig schwache Bürgertum und den Adel.

Autokratie: russischer Absolutismus

Der Zar regiert absolutistisch als „Selbstherrscher“ und als Oberhaupt der russisch-orthodoxen Kirche („Cäsaropapismus“). Er stützt seine Herrschaft auf das Heer, die Beamten, die Kirche und die Geheimpolizei.

Opposition gegen den Zaren

In der Schicht der Gebildeten, der **Intelligentsia,** hatten sich seit den Dreißigerjahren verschiedene Oppositionsgruppierungen gebildet. Auf die Opposition (Attentate) reagierte Zar **Nikolaus II.** (Zar seit 1894, *1868, †1917) mit Verboten, Zensur, Verfolgung und Bespitzelung. Als vor dem Winterpalais in St. Petersburg am 22. 1. 1905 ein Petitionszug vom Militär niedergeschossen wurde (**„Blutiger Sonntag“**), brachen im ganzen Land Streiks und Revolten aus. Sie zwangen den Zaren, ein Parlament (**Duma**) zu versprechen und im **Oktobermanifest** (30.10.) eine Verfassung mit liberalen Freiheitsrechten und allgemeinem Wahlrecht zu erlassen.

Oppositionelle Parteien

	Sozialdemokratische Arbeiterpartei Russlands	Partei der russischen Sozialrevolutionäre
gegr.	1898, 1903 Spaltung	1902
Ziele	Errichtung der Diktatur des Proletariats	Einführung eines bäuerlichen Sozialismus
Mittel	Revolution	individueller Terror (Attentate), Revolution

10.2 Die Revolutionen von 1917

Spaltung der Sozialdemokratischen Arbeiterpartei

Marx und Engels (↑S. 62 f.) hatten die kapitalistische Wirtschafts- und Gesellschaftsordnung als Bedingung für eine sozialistische Revolution bezeichnet. Aber in Russland war der ökonomische „Unterbau" noch agrarisch-feudal. Deshalb wandelte Wladimir I. Uljanow, genannt Lenin (*1870, †1924), die marxistische Lehre ab. Das führte 1903 zur innerparteilichen Spaltung in:

Bolschewiki (Lenin)	▶	Elitepartei der Berufsrevolutionäre als „Partei neuen Typs" soll das noch nicht klassenbewusste „Proletariat" in eine Revolution führen und danach die sozialistische Ordnung gestalten.
Menschewiki	▶	Sie beharrten auf der orthodoxen Lehre mit der Reihenfolge: bürgerliche Revolution zur Beseitigung des Zarismus, Entwicklung zum Kapitalismus, sozialistische Revolution.

Nach einem zufälligen Abstimmungsergebnis heißen die Anhänger des Leninismus Bolschewiki („Mehrheitler"), seine Gegner Menschewiki („Minderheitler").

Sieg der Bolschewiki (1917/1918)

Die Kriegsmüdigkeit der im Ersten Weltkrieg (↑S. 87 ff.) kämpfenden Soldaten, die schlechte Versorgungslage und eine allgemeine Unzufriedenheit führten zur Februarrevolution:

- **Meuterei der Petersburger Militärgarnison** (12. 3. 1917),
- Bildung von **Sowjets** („Räten") aus Soldaten und Arbeitern,
- rivalisierende Doppelherrschaft der Sowjets und der von der Duma eingesetzten bürgerlichen **„provisorischen Regierung"**, in die Menschewiki und Sozialrevolutionäre eintraten,
- **Rücktritt von Zar Nikolaus II.** (15. 3. 1917).

Mit der Verhaftung der Mitglieder der provisorischen Regierung durch bolschewistische Truppen und Arbeitermilizen (7./8.11., nach russischem Kalender 25. 10. 1917) begann die **Oktoberrevolution.** Nach dem Austritt der Menschewiki und einiger Sozialrevolutionäre billigte der (2.) **Allrussische Sowjetkongress** am 8. 11. 1917 zwei **Dekrete Lenins:**

- „Dekret über den Frieden" (Ausscheiden Russlands aus dem „imperialistischen" Weltkrieg, ↑ S. 92) und
- „Dekret über Grund und Boden" (entschädigungslose Enteignung von Großgrundbesitzern).

Ein „Rat der Volkskommissare" wurde eingesetzt.

8.12.1917	Wahlen zur verfassunggebenden Versammlung: knapp 25% für die Bolschewiki
18.1.1918	gewaltsame Auflösung der Versammlung durch den „Rat der Volkskommissare" unter Lenins Vorsitz
10.7.1918	Verfassung der „Russischen Sozialistischen Föderativen Sowjetrepublik": **Diktatur der Bolschewiki**

11 Die Weimarer Republik (1919–1933)

Wichtige Daten

28. 6. 1919 Unterzeichnung des Versailler Vertrags durch das Deutsche Reich	Die Entstehung aus der militärischen Niederlage bedeutet eine innenpolitische Belastung für die Republik.
11. 8. 1919 Inkrafttreten der neuen Reichsverfassung	Deutschland wird parlamentarische Republik.
16. 4. 1922 Vertrag von Rapallo	Aussöhnung zwischen Deutschland und Russland
11. 1. 1923 Französische und belgische Truppen beginnen Besetzung des Ruhrgebiets	Höhepunkt der Auseinandersetzung um die Reparationen
8./9. 11. 1923 Hitlerputsch in München	gescheiterter Versuch, in Bayern und im Reich die Macht zu erringen
5.–16. 10. 1925 Konferenz von Locarno	Aussöhnung mit Frankreich, Gewaltverzicht im Hinblick auf die Ostgrenze zu Polen
30. 3. 1930–28. 1. 1933 Präsidialregierungen	Aushöhlung der demokratischen Verfassungspraxis
16. 6.–9. 7. 1932 Konferenz von Lausanne	endgültige Lösung des Reparationsproblems
30. 1. 1933 Ernennung Hitlers zum Reichskanzler	„legaler Untergang“ der Republik

11.1 Versailler Vertrag

Von den Siegermächten des Ersten Weltkriegs (↑ S. 87ff.) ultimativ aufgefordert, unterzeichnete die deutsche Delegation nach mehrheitlicher Zustimmung der Nationalversammlung am **28.6.1919** den **Friedensvertrag** im Spiegelsaal **von Versailles.** Er berücksichtigte insbesondere das Sicherheitsbedürfnis Frankreichs. Die Deutschen waren von den Beratungen ausgeschlossen worden.

Bestimmungen des Versailler Vertrags

Kriegsschuldartikel (Art. 231):
alleinige Kriegsschuld der Mittelmächte (↑ S. 90).

Gebietsabtretungen:
an Frankreich: Elsass-Lothringen; an Polen: Posen, Teile Westpreußens und Oberschlesiens (nach Volksabstimmung); an Litauen: Memelgebiet; an die Tschechoslowakei: Hultschiner Ländchen (nach Volksabstimmung); an Belgien: Eupen-Malmedy (nach Volksabstimmung); Saargebiet für 15 Jahre unter Völkerbundsverwaltung; alliierte Besetzung der linksrheinischen Gebiete in drei Zonen bis zu 15 Jahren; Verzicht auf alle Kolonien.

Abrüstung:
Reduzierung der Reichswehr auf ein 100000-Mann-Heer und der Marine auf ein geringes Kontingent, Verbot des Besitzes schwerer Waffen, Abschaffung der Wehrpflicht, entmilitarisierte Zone 50 km östlich des Rheins.

Reparationszahlungen:
in noch festzulegender Höhe.

Der Vertrag wurde zur innenpolitischen Belastung für die Weimarer Republik. Breite Bevölkerungskreise lasteten den **„Diktatfrieden“** der Republik an, anstatt ihn als Folge der übersteigerten Ansprüche der Wilhelminischen Ära zu begreifen.

11.2 Erste Phase: gefährdeter Aufbau (1919–1923)

Nationalversammlung und Regierungsbildung

Bei der Wahl zur verfassungsgebenden Nationalversammlung am 19. 1. 1919 errang die MSPD 37,9 % der Stimmen. Sie bildete gemeinsam mit dem Zentrum (19,7 %) und der Deutschen Demokratischen Partei (DDP, 18,5 %) die Regierung der **Weimarer Koalition,** Ministerpräsident wurde Philipp Scheidemann (MSPD), Reichspräsident Friedrich Ebert (MSPD).

Weimarer Reichsverfassung

Die am 11. 8. 1919 in Kraft getretene Verfassung stärkte die Stellung des Reichstags, schränkte aber dessen Handlungsfähigkeit durch die Machtfülle des Reichspräsidenten ein.

Weimarer Reichsverfassung von 1919

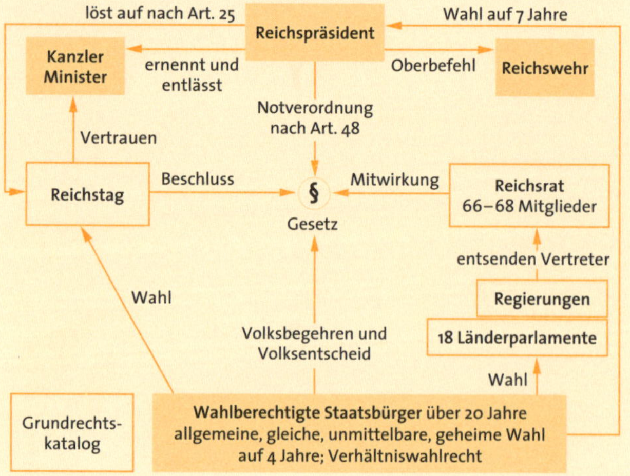

Problematische Elemente der Weimarer Reichsverfassung

- Verhältniswahlrecht ohne prozentuale Sperrklausel:
  ▸ Zersplitterung der Parteienlandschaft im Reichstag;
- einfaches Misstrauensvotum gegen die Regierung ohne Zwang, eine neue Regierung vorzuschlagen:
  ▸ Instabilität der Exekutive;
- Kombinierbarkeit von Art. 48 mit Art. 25:
  ▸ Schwächung des Parlaments;
- Volksbegehren und -entscheid:
  ▸ antidemokratische Kräfte setzen gegen die Republik ein;
- fehlende Rechtsverbindlichkeit der Grundrechte:
  ▸ Erleichterung im Kampf gegen die Republik.

Schwieriger Beginn

Die Republik wurde von Anfang an gefährdet durch:

- Bildung von **Freikorps** durch ehemalige Frontsoldaten, die sich nicht mit der Niederlage und der Republik abfinden konnten;
- **Spartakusaufstand** von KPD und USPD für die Räterepublik (↑ S. 101) in Berlin (6.–15. 1. 1919), niedergeschlagen von Reichswehrtruppen unter dem Befehl des Volksbeauftragten Gustav Noske (MSPD, *1868, †1946);
- **Ermordung** von **Liebknecht** und **Luxemburg** (15. 1. 1919) durch Freikorpssoldaten;
- **Kommunistische Aufstände** im Ruhrgebiet und in Bayern von März bis April 1919 und in Sachsen, Thüringen, Hamburg und im Ruhrgebiet von März bis Mai 1920;
- **„Dolchstoßlegende“** (↑ S. 106);
- **Zerfall der** (dritten) **Weimarer Koalition** (seit 27. 3. 1920) in den ersten Reichstagswahlen (6. 6. 1920): Verdoppelung der Mandate der rechten Parteien DNVP und DVP (↑ S. 108), Vervierfachung der Mandate der USPD, Ausscheiden der MSPD aus der Regierung;

- **Kapp-Putsch** (13.–17.3.1920): Wolfgang Kapp (*1858, †1922) und General Walter von Lüttwitz (*1859, †1942) putschten mit einem Freikorps gegen die Regierung in Berlin. Der Chef der Heeresleitung, Generaloberst Hans von Seeckt (*1866, †1936), verweigerte den Einsatz der Reichswehr mit der verfassungswidrigen Begründung **„Truppe schießt nicht auf Truppe“.** Der Putsch scheiterte am Widerstand der Ministerialbürokratie und an einem Generalstreik;
- **Ermordung** von **Matthias Erzberger** (Zentrum, *1875, †1921) und **Walther Rathenau** (DDP, *1867, †1922) durch Rechtsradikale wegen ihres Bekenntnisses zur Republik und der „Erfüllung“ des Versailler Vertrags („Erfüllungspolitiker“).

Dolchstoßlegende

Die letzte OHL, Hindenburg und Ludendorff, behauptete vor einem Reichstagsausschuss fälschlicherweise, die Linken hätten mit der Novemberrevolution das unbesiegbare Heer „von hinten erdolcht“, also die Niederlage verschuldet (November 1918, ↑S. 94f.).

Krisenjahr 1923

Inflation und Währungsreform

Seit 1914 verfiel die deutsche Währung wegen der Kriegsfinanzierung durch Kreditaufnahme. Zudem führten

- Preissteigerungen infolge von Warenknappheit,
- die Kosten der Beseitigung der Kriegszerstörungen, der Versorgung der entlassenen Soldaten und Kriegsopfer sowie
- die Reparationen

zu einem Anstieg des Geldbedarfs. Es wurde mehr Geld gedruckt, und der Staat erhöhte seine Kreditaufnahme. Im November 1923 war **deutsches Geld wertlos.**

Die neu (13. 8. 1923) gebildete große Koalition aus Zentrum, SPD, DDP und DVP unter Kanzler Gustav Stresemann (DVP, ↑ S. 108) konnte mit einer **Währungsreform** (15. 11.) die Inflation stoppen (1 Mio. Papiermark = 1 Goldmark) und den **Ausgleich des Reichshaushalts** einleiten.

- Gewinner: Sachwertbesitzer, private Schuldner,
- Verlierer: Besitzer von Geldvermögen, Rentner, Lohnempfänger (Arbeiter und Mittelständler).

Ruhrkampf (Januar bis August 1923)

Ende 1922 war Deutschland bei Sachlieferungen an Frankreich und Belgien in einen geringfügigen Rückstand geraten.

11.1.1923	Französische und belgische Truppen besetzen das Ruhrgebiet als „produktives Pfand“.
13.1.1923	Die Regierung stellt alle Reparationszahlungen ein und ruft die Bevölkerung zum passiven Widerstand auf. Folgen: Wirtschaftskrise, Hyperinflation wegen vermehrter Banknotenausgabe.
26.9.1923	Die neue Regierung Stresemann bricht den „Ruhrkampf“ ab.

Hitler-Ludendorff-Putsch

Hitlerputsch (8./9. 11. 1923)

Der Vorsitzende der 1919/20 gegründeten NSDAP, Adolf Hitler (*1889, †1945), erklärte die bayerische und die Reichsregierung für abgesetzt. Der **Putsch scheiterte** jedoch, weil Polizei und Reichswehr ihn nicht unterstützten. Hitler wurde zu fünf Jahren Haft verurteilt, von denen er nur eines absitzen musste.

11.3 Parteien

Gegen Ende der Republik erstarkten die extremen Parteien. Nicht alle Parteien unterstützten die Republik:

Die Republik tragende Parteien:

(M)SPD ▶ mitgliederstärkste Partei; im Reichstag fast 5 Jahre lang in der Opposition; bildete mit dem Zentrum von 1919–1932 die Regierung in Preußen (↑S. 116)

Zentrum ▶ bis 1932 in allen Kabinetten des Reichs wie auch Preußens vertreten (↑S. 116)

DDP ▶ **Deutsche Demokratische Partei,** gegr. Nov. 1918, Zusammenschluss aus Fortschritt und dem linken Flügel der Nationalliberalen (↑S. 74), an fast allen Reichsregierungen beteiligt

BVP ▶ **Bayerische Volkspartei**, gegr. Nov. 1918 als bayerische Abspaltung des Zentrums, konservativ-monarchistisch; Teilnahme an mehreren Reichsregierungen 1922–1932, in Bayern stets stärkste Fraktion

In ihrer Haltung zur Republik schwankende Parteien:

DVP ▶ **Deutsche Volkspartei,** gegr. Dez. 1918, rechtsliberal; Wählerklientel Wirtschafts- und Großbürgertum; stellte mit **Gustav Stresemann** (*1878, †1929) Reichskanzler (1923) und Reichsaußenminister (1923–1929)

Die Republik bekämpfende Parteien:

DNVP ▶ **Deutschnationale Volkspartei,** gegr. Nov. 1918 als Zusammenschluss der Rechten: autoritäre bis monarchische, nationalistische Ziele; industrielle und großagrarische Interessen; ab 1928 Radikalisierung unter Vorsitzendem A. Hugenberg (*1865, †1951)

NSDAP ▶ **Nationalsozialistische Arbeiterpartei,** gegr. 1919 in Bayern als Deutsche Arbeiterpartei, Hitler 70. Mitglied, 1920 umbenannt: antidemokratisch, rassistisch, antisemitisch; Aufstieg im Gefolge der Weltwirtschaftskrise (↑S. 113 f.)

KPD ▶ **Kommunistische Partei Deutschlands,** gegr. Dez./Jan. 1918/19: stalinistisch; 1925–1933 Vorsitzender Ernst Thälmann (*1886, †1944); Hauptgegner: SPD

Entwicklung der Parteien

Die die Weimarer Republik nicht ablehnenden Parteien verloren bis 1932 an Zustimmung, die extremen Parteien legten zu.

Partei	Wahl vom 6.6.1920	Wahl vom 6.11.1932
SPD	21,7%	20,4%
Zentrum	13,6%	11,9%
BVP	4,4%	3,1%
DDP/DStP	8,9%	1,0%
DVP	13,9%	1,3%
DNVP	15,1%	8,3%
NSDAP	–	33,1%
KPD	2,1%	16,8%

11.4 Zweite Phase: Stabilisierung (1924–1928)

Die wirtschaftliche Besserung und die schrittweise Lösung des Reparationsproblems trugen zur **inneren Stabilisierung** bei. Die politischen Gewaltakte gingen zurück, die radikalen Parteien verloren bei den Reichstagswahlen und es kam zu einer kulturellen Blüte (↑ S. 122 f.).

11

Außenpolitik

Als Reaktion auf den erfolglosen „Ruhrkampf" ging Stresemann von einer Politik der kompromisslosen Ablehnung des Versailler Vertrags zu der einer Verständigung über. Er suchte v. a. die Aussöhnung mit Frankreich, strebte aber eine – friedliche – Revision der Ostgrenze an. Seine Ziele waren:

- internationale Friedenssicherung,
- Lösung des Reparationsproblems,
- Räumung des Rheinlands,
- „Korrektur der Ostgrenze“ (G. Stresemann).

Stationen

1922	**Vertrag von Rapallo** (16.4.): Deutschland und Russland verzichten gegenseitig auf Reparationen und vereinbaren engere Wirtschaftskontakte.
1925	**Verträge von Locarno** (16.10.): Westpakt und Schiedsverträge zwischen Deutschland, Frankreich, Belgien, Polen und der Tschechoslowakei; Deutschland, Frankreich und Belgien garantieren gegenseitig die Unverletzlichkeit ihrer Grenzen; Deutschland akzeptiert den Verzicht auf Elsass-Lothringen und die Entmilitarisierung des Rheinlands; Deutschland schließt eine gewaltsame Änderung der Grenzziehung zu Polen aus.
1926	**Berliner Vertrag** (24.4.): Deutschland und die UdSSR schließen einen Freundschafts- und Neutralitätsvertrag.
1926	**Aufnahme Deutschlands in den Völkerbund** (8.9./10.9.)

Völkerbund (1920–1946)

Der Völkerbund entspricht einer 1918 in den „14 Punkten“ Wilsons (↑S. 93) formulierten Forderung und wurde im Versailler Vertrag geschaffen; **Ziel**: Wahrung des Friedens; **Mittel**: internationale Schiedsgerichtsbarkeit, Sanktionen gegen Angreifer; **Mitglieder**: ursprünglich die Alliierten und die meisten Neutralen des Ersten Weltkriegs (bis auf USA und UdSSR); **Sitz:** Genf.

Regelung der Reparationen

Deutschland konnte eine deutliche Minderung der Reparationen erzielen. Insgesamt hat Deutschland mehr Geld an ausländischen, besonders amerikanischen, Krediten erhalten als an Reparationen gezahlt (nach deutschen Berechnungen ca. 53 Mrd., nach alliierten ca. 20 Mrd.).

1921	**Konferenz von Paris:** Die deutsche Reparationsschuld wird auf 226 Mrd. Goldmark festgesetzt, zahlbar in 42 Jahresraten.
1921	**Konferenz in London:** Die deutsche Reparationsschuld wird auf 132 Mrd. Goldmark gesenkt.
1924	**Dawes-Plan:** Deutschland soll bis 1928 5,4 Mrd., dann jährlich bis zu 2,5 Mrd. Goldmark zahlen, keine Abmachung über Laufzeit; Deutschland wird als internationaler Kreditnehmer zugelassen; Räumung des Ruhrgebiets nach der deutschen Annahme des Dawes-Plans.
1930	**Young-Plan:** Deutschland soll bis 1988 34,5 Mrd. zahlen.

Innenpolitische Entwicklung

Wahl Hindenburgs zum Reichspräsidenten (26. 4. 1925)

Nach dem **Tod Eberts** (28. 2. 1925) wurde der Kandidat der rechten Parteien und der BVP, der ehemalige Generalfeldmarschall Paul von Hindenburg, mit 14,7 Mio. Stimmen vor dem Kandidaten der „Weimarer Koalition“, Marx (Zentrum: 13,8 Mio.), und vor Thälmann (KPD: 1,9 Mio., ↑ S. 108) gewählt.

Wider Erwarten hielt sich der Sieger von Tannenberg (1914) und Monarchist Hindenburg zunächst streng an die Verfassung und wirkte sogar identitätsstiftend. Er verkörperte für viele in der unbeliebten Republik den vergangenen Glanz des Kaiserreichs.

Reichswehr und Justiz

Die Reichswehr verstand sich – anders als in der Verfassung bestimmt – nicht als Instrument der Regierung. Sie war auch nicht parteipolitisch neutral. Gerade viele Offiziere hatten ihren Aufstieg dem Kaiserreich zu verdanken und waren **monarchistisch** oder **autoritär eingestellt**. Auch viele Justizbeamte urteilten parteipolitisch nicht neutral, sondern **rechtslastig:**

Urteilssprüche bei politischen Morden

	begangen von Linksradikalen	begangen von Rechtsradikalen
Gesamtzahl	22	354
Verurteilungen	38	24
Hinrichtungen	10	0
Inhaftierung je Mord	15 Jahre	4 Monate

Die „Goldenen Zwanziger"

Modernisierung

Im Alltag entwickelten sich **freiere Lebensweisen,** die Frauen emanzipierten sich auch modisch (Bubikopf, lange Hose). Importe aus den USA (Filme aus der Traumfabrik Hollywood, Jazzmusik, Tänze wie Charleston, Revuetanzgruppen) führten zu einer kulturellen **Amerikanisierung.** Sie wurde durch die **Verbreitung moderner Kommunikationsmittel** wie Radio, Schallplatte, Kino, Tonfilm, Illustrierte, Fotoreportagen, Boulevardzeitungen verstärkt.

Kunst

Neben dieser Leichtigkeit dominierte in der Kunst die Auseinandersetzung mit den Schrecken des Weltkriegs, den gesellschaftlichen Veränderungen und den politischen Spannungen der Nachkriegszeit. Typische Ausdrucksformen dafür waren:

- **Dadaismus und Surrealismus:** Bruch mit dem „Kunstideal des Guten, Wahren, Schönen", Angriff auf die bürgerliche Gesellschaft mit der Präsentation von „Antikunst" und „bewusstem Unsinn";

- **„Neue Sachlichkeit“:** funktionale Gestaltung von Architektur, Wohnkultur und Mode;
- **politisch-soziales Engagement in der Literatur:** gesellschaftskritische oder sogar revolutionäre oder pazifistische Tendenzen (z. B. bei Bertold Brecht,*1898, †1956).

Dieser Bruch mit dem Gewohnten erzeugte in der Bevölkerung eine breite **Ablehnung der neuen Ausdrucksformen**.

11.5 Dritte Phase: Auflösung (1930–1933)

Weltwirtschaftskrise (1929–1933)

„Schwarzer Freitag“ (25. 10. 1929)

An diesem Freitag kam es zu einem rapiden **Kurssturz an der Börse** in der New Yorker Wall Street. Auf den **Zusammenbruch des Finanzmarkts** reagierten die Banken mit der Rückforderung kurzfristiger Kredite. Dies exportierte die Krise der führenden Wirtschaftsmacht USA und löste eine Weltwirtschaftskrise aus. In den nächsten Jahren folgte ein beispielloser weltweiter Niedergang von Industrie und Handel.

11

Auswirkungen auf Deutschland

Im Frühjahr 1931 griff die Krise auf Deutschland über, das als Hauptschuldnerland von der Reaktion der amerikanischen Banken besonders hart getroffen wurde. Da die Unternehmen in der kurzen Phase des Aufschwungs wenig Rücklagen gebildet hatten, waren die Folgen:

- Produktionsrückgang,
- Lohnkürzung,
- Kurzarbeit,
- explosiver Anstieg der **Arbeitslosenzahlen auf über 6 Mio.**

Die wirtschaftliche Not ließ vor allem die Arbeitslosen bei den Republikgegnern KPD und NSDAP Rettung suchen; die Republik wurde zunehmend zur **„Republik ohne Republikaner“**.

Präsidialkabinette und Aufstieg der NSDAP

Scheitern der Großen Koalition (März 1930)

Die im Juni 1928 gebildete Große Koalition aus SPD, Zentrum, BVP, DDP und DVP zerbrach im März 1930 anlässlich des Streits über eine an sich geringfügige Erhöhung der Beiträge zur Arbeitslosenversicherung; sie wurde von SPD und DVP angesichts der Wirtschaftskrise abgelehnt. Wegen der Zerstrittenheit der Parteien erschien der Übergang zu Präsidialregierungen als Ausweg.

Präsidialkabinette (1930–1933)

Gestützt auf die Vollmachten des Reichspräsidenten, regierten die Kanzler Brüning, von Papen und von Schleicher mit Minderheitskabinetten ohne bzw. gegen das Parlament mittels der Artikel 48 (Notverordnungen) und 25 (Reichstagsauflösung) der Weimarer Reichsverfassung (↑ S. 104).

Präsidialkabinett Brüning (30. 3. 1930–30. 5. 1932)

Heinrich Brüning (Zentrum, *1885, †1970), Kanzler der ersten Präsidialregierung, wollte die parlamentarische Monarchie mittels einer Verfassungsrevision wieder einführen und die Wirtschaft sanieren. Letzteres wollte er durch eine **Spar- und Deflationspolitik** erreichen, d. h. durch eine Verminderung staatlicher Ausgaben und Aufgaben; d. h. **Senkung von**

- Steuern,
- Löhnen, Gehältern und
- Soziallasten.

18.7.1930	**Auflösung des Reichstags** durch Hindenburg nach Antrag der SPD auf Aufhebung der ersten Wirtschaftsnotverordnung;
14.9.1930	**Reichstagswahlen:** große Verluste der bürgerlichen Parteien und der SPD; KPD erhält 13,1 %, die **NSDAP** wird mit 18,3 % **zweitstärkste Fraktion** (zuvor 2,6 %); Tolerierung der Regierung Brüning durch bürgerliche Parteien und SPD

Zu den **Ergebnissen der Wirtschaftspolitik** Brünings zählten:

- Verstärkung des Konjunkturabschwungs,
- Anstieg der Arbeitslosigkeit,
- Streichung der Reparationen (endgültig 1932 auf der Konferenz in Lausanne),
- Verschärfung des innenpolitischen Kampfs, v.a. durch die paramilitärischen Organisationen der NSDAP, SA und SS.

Am 30.5.1932 trat Brüning zurück, weil der im April wiedergewählte Reichspräsident Hindenburg ihm sein Vertrauen entzog.

Radikalisierung der innenpolitischen Auseinandersetzung

Ab 1930 lieferten sich vor allem Kommunisten und Nationalsozialisten Straßenschlachten. Alle Lager verfügten über halbmilitärische Kampfverbände:

- **Stahlhelm:** ein Bund ehemaliger Frontsoldaten (gegr. Nov. 1918); er betrieb ab 1929 offen die Bekämpfung der Republik und unterstützte die rechten Parteien;
- **Reichsbanner Schwarz-Rot-Gold,** gegr. 1924, stand der SPD nahe;
- **Roter Frontkämpferbund,** gegr. 1924, kommunistische Organisation, 1929 verboten.

Als Reaktion auf die Bildung der **Harzburger Front** gründeten SPD, Gewerkschaften und Reichsbanner die **Eiserne Front** (16.12.1931).

Harzburger Front

Der Zusammenschluss v. a. von NSDAP, DNVP und Stahlhelm wurde am 11. 10. 1931 auf einer Tagung in Bad Harzburg gebildet. Ihr Ziel war, die Einigkeit der nationalen Opposition im Kampf gegen die Regierung Brüning zu stärken.

Präsidialkabinett Papen (1. 6. – 17. 11. 1932)

Nach dem Rücktritt Brünings bildete Franz von Papen (*1879, †1969) ein **„Kabinett der nationalen Konzentration"**, gestützt nur auf die DNVP.

Sein Ziel war die „Zähmung" der NSDAP durch eine Wende nach rechts:

- Aufhebung des Verbots von SA (13. 4. 1932) und SS (14. 6. 1932),
- **„Preußenschlag"** (20. 7. 1932): Absetzung der Weimarer Koalition in Preußen, von Papen wurde von Hindenburg zum Reichskommissar in Preußen ernannt,
- autoritäre Staatsform.

31. 7. 1932	**Reichstagswahlen: NSDAP** mit 37,8 % **stärkste Fraktion**
13. 8. 1932	Hindenburg verweigert Hitler das Kanzleramt
6. 11. 1932	Reichstagswahlen: NSDAP 33,1 %, Gewinne der DNVP und KPD
17. 11. 1932	Rücktritt von Papens

Präsidialkabinett Schleicher (2. 12. 1932 – 28. 1. 1933)

General Kurt von Schleicher (parteilos, *1882, †1934), seit 1932 Reichswehrminister und maßgeblicher Berater Hindenburgs, plante die Spaltung der NSDAP durch ein Bündnis mit dem linken Flügel unter dem „Reichsorganisationsleiter" Gregor Strasser (*1892, †1934). Er wollte eine Regierung mit Unterstützung der jeweiligen Gewerkschaftsflügel bilden. Dieses

Vorhaben scheiterte an der Ablehnung der Gewerkschaften und der Entmachtung Strassers durch Hitler.

Hitler wird Reichskanzler (30. 1. 1933)

4. 1. 1933	Absprache zwischen von Papen und Hitler über eine künftige Regierung (mit Hitler als Kanzler)
28. 1. 1933	Rücktritt Schleichers, nachdem Hindenburg seinen Vorschlag einer befristeten Diktatur zur Vermeidung von Hitler als Reichskanzler abgelehnt hat.
30. 1. 1933	Hindenburg ernennt Hitler zum Reichskanzler.

Gründe für das Scheitern der Weimarer Republik

- **Niederlage im Ersten Weltkrieg:** Härte des Versailler Vertrags, Reparationslast, Propaganda gegen die „Novemberverbrecher“;
- **wirtschaftliche Schwächen,** v. a. Inflation, Weltwirtschaftskrise: Verarmung von Teilen der Arbeiterschaft und des Mittelstands, Verschärfung der sozialen und politischen Spannungen;
- **Versagen der Parteien:** Wahrung der Prinzipien und Interessen der Klientel wichtiger als Koalition und Kompromiss; Verlagerung des politischen Kampfs auf die Straße;
- **Strukturschwächen der Verfassung:** Parteienzersplitterung, verhängnisvoller Einsatz der Kompetenzen des Reichspräsidenten;
- **antidemokratisches Denken** in allen Schichten, v. a. in Reichswehr, Beamtenschaft und Justiz: Orientierung am Kaiserreich und Führungspersönlichkeiten (Hindenburg, Hitler);
- **Auftreten der NSDAP:** unverbrauchte, disziplinierte, schlagkräftige Bewegung, Einsatz moderner Propagandamittel (Rundfunk, Flugzeug), einfache, eingängige Anti-Ideologie;
- **Wirkung Hitlers:** charismatische Führerfigur, begabter Redner.

Wahlplakat „Unsere letzte Hoffnung“; NSDAP, 1932

Wahlplakate dienen als **Mittel der politischen Werbung.** In kaum einer anderen Epoche hatten sie eine so große Bedeutung wie in der Weimarer Republik. Sie war vom Streit der Parteien und von häufigen Wahlen geprägt.
Um ihre Wirkungsabsichten zu erkennen, muss ihre Wort- und Bildsprache untersucht werden.

Erster Interpretationsschritt: Beschreibung

1 Zuerst wird eine Analyse verschiedener Aspekte vorgenommen: Maltechnik, Stil, Bildaufbau, Farbverwendung, Bildinhalt, Verwendung von Attributen und Symbolen:

- Kohlezeichnung auf gelblichem Hintergrund,
- im Vordergrund in Großbuchstaben: „HITLER“,
- in der linken oberen Ecke: „Unsere letzte Hoffnung:“,
- in der Mitte zwischen den Schriftzügen eine gedrängte, vom Oberkörper aufwärts gezeichnete, nach hinten verschwindende Menge von Menschen aus allen Schichten, Männer, zwei Frauen, ein Kleinkind, mit besorgtem, düsterem, verhärmtem Gesichtsausdruck;
- in der rechten oberen Ecke ein unten und oben abgeschnittenes, mehrstöckiges, städtisches Gebäude.

Zweiter Interpretationsschritt: Deutung

2 Feststellung von Aussage und Intention, historische Wertung:

Aussage:
Leidende, unzufriedene Menschenmenge sucht Rettung aus der Notlage von 1932 bei Hitler.

Intention:

- Aufforderung, NSDAP zu wählen;
- Mit dem Versprechen, dass die NSDAP Besserung bringen werde, wird versucht, Wähler zu gewinnen.

Wertung:

- Die Überzahl von Männern und der städtische Kontext spiegeln das Wählerverhalten wider:
  überwiegend Männer und Städter wählten die NSDAP;
- geringe Farbigkeit:
  „Schwarz-Zeichnung" der Lage (eintönig, düster: von Not bestimmt)
- Konzentration auf Hitler wegen des Fehlens eines direkten Bezugs auf andere Parteien oder Personen:
  zentrale Stellung des „Führers" in der nationalsozialistischen Weltanschauung und in der NSDAP;
- keine Konkretisierung, dafür aber Dramatisierung der Situation:
  grundsätzliche, emotionale Agitation der NSDAP gegen die Republik;
- dadurch Generalisierung der Aussage:
  Hitler wird als Gegenentwurf zur Weimarer Republik dargestellt.

12 Diktaturen und Zweiter Weltkrieg

Wichtige Daten

Faschismus in Italien (1922–1943/45)	
Nov. 1921 Gründung des „Partito Nazionale Fascista“	Umwandlung der revolutionären „Bewegung“ in eine Partei
28.10.1922 „Marsch auf Rom“	Regierungsübernahme durch die Faschisten
22.5.1939 Bündnis mit Deutschland	Ausdruck des beiderseitigen Expansionismus
25.7.1943 Verhaftung Mussolinis	Zusammenbruch des Faschismus

Diktatur Stalins in der UdSSR (1929–1953)	
10.7.1918 Bildung der „Russischen Sozialistischen Föderativen Sowjetrepublik“ (RSFSR)	Konsolidierung der Diktatur der Bolschewiki in Russland
30.12.1922 Bildung der „Union der sozialistischen Sowjetrepubliken“ (UdSSR)	Führung der KPdSU in den Republiken, Führung Russlands in der Union
1929–1953 Diktatur Stalins	Industrialisierung Russlands, Ausschaltung der Opposition, Personenkult

Nationalsozialismus in Deutschland (1933–1945)	
30.1.1933 „Machtergreifung“	Hitler wird Reichskanzler
23.3.1933 „Ermächtigungsgesetz“	Hitler erhält diktatorische Kompetenzen.
13.3.1938 „Anschluss” Österreichs	Höhepunkt der „Revision des Versailler Vertrags“.
9./10.11.1938 „Reichspogromnacht“: organisierte Pogrome	Zerstörung jüdischer Geschäfte und Synagogen
20.1.1942 „Wannseekonferenz“	wichtige Etappe der Judenvernichtung
20.7.1944 Attentat auf Hitler	Scheitern des militärischen Widerstands

Zweiter Weltkrieg (1939–1945)	
1.9.1939 Überfall der Wehrmacht auf Polen	Hitler beginnt Krieg zur „Eroberung neuen Lebensraumes“.
31.1./2.2.1943 Kapitulation der 6. Armee in Stalingrad	Wende des Kriegs im Osten
6.6.1944 Briten und Amerikaner landen in der Normandie	Wende des Kriegs im Westen
7./9.5. und 2.9.1945 bedingungslose Kapitulation Deutschlands und Japans	Ende des Zweiten Weltkriegs

12.1 Faschismus in Italien (1922–1943/45)

1919 bildeten sich erste nationalistische und militaristische Verbände von Frontkämpfern und Kriegsversehrten als „Fasci di combattimento“ unter der Führung **Benito Mussolinis** (*1883, †1945). Unterstützt vom Bürgertum, Großindustriellen und der Armee, entstand eine Massenbewegung, die sich 1921 in eine Partei umwandelte: **Partito Nazionale Fascista** (PNF).

Merkmale der faschistischen Ideologie

- Gegenbewegung gegen Parlamentarismus, Liberalismus und Kommunismus; nationalistisch, antiliberal, antiparlamentarisch, antisozialistisch, expansionistisch;
- „Führerprinzip“ als Strukturprinzip von Partei, Staat und Gesellschaft (Lenkung „von oben“, Dienst „von unten“).

Am 28. 10. 1922 bildete Mussolini nach dem staatsstreichartigen **„Marsch auf Rom“** ein von Faschisten dominiertes Kabinett. 1925/26 errichtete die PNF eine autoritäre Diktatur mit der **faktisch unbeschränkten Führungsgewalt** des Regierungs- und Parteichefs **Mussolini**, des „Duce“.

Merkmale der faschistischen Herrschaft

- Einparteienstaat (seit 1926) mit gelenkten Plebisziten (Änderungen des Wahlgesetzes) und Einheitsliste;
- Ausrichtung der gesellschaftlichen und wirtschaftlichen Verbände auf die PNF: „Gleichschaltung“, Zusammenfassung von Arbeitgebern und -nehmern in hierarchisch gegliederten Korporationen, Beseitigung der Tarifautonomie, staatliche Lenkung der Produktion;
- Unterdrückung der Opposition.

Faschistischer Imperialismus und das Ende Mussolinis

Mussolini versuchte das Römische Reich wieder zu errichten:

- **Ziele:** Herrschaft über die Adria, Hegemonie im Mittelmeerraum, Erweiterung des italienischen Kolonialbesitzes;
- **Erfolge:** Italienisierung Südtirols, Erwerbungen der Dodekanes 1923, Abessiniens (Äthiopien) 1936 und Albaniens 1939, Annäherung an Hitler (**„Achse Berlin-Rom“** 1936, Bündnis mit Deutschland 1939).

1943 wurde der „Duce“ abgesetzt und auf der Flucht von kommunistischen Partisanen erschossen (28. 4. 1945).

12.2 Diktatur Stalins in der UdSSR (1929–1953)

Im Juli 1918 wurde die RSFSR (↑ S. 98) auf der Basis des Sowjetprinzips und der „Diktatur des Proletariats“ konstituiert. Die Diktatur der Bolschewiki (↑ S. 100 f.) wurde im **Russischen Bürgerkrieg** (1918–1920) von verschiedenen, antibolschewistischen Gruppierungen („Weiße“) bedroht. Doch die Rote Armee siegte über ihre Gegner. Die Diktatur der „Kommunistischen Partei der Sowjetunion“ (KPdSU) wurde 1921 durch das **Verbot innerparteilicher Opposition** und die **Gleichschaltung der Gewerkschaften** gefestigt.

Aufstieg Stalins und Entstehung der UdSSR

1922 wurde Stalin (*1879, †1953, bürgerlicher Name: Josef W. Dschugaschwili) Generalsekretär der KPdSU (3. 4.). Nach dem

Tod Lenins (21. 1. 1924) war sein Aufstieg zum Alleinherrscher nicht mehr aufzuhalten. Er schaltete die Opposition (Trotzki, Kamenew, Sinowjew, Bucharin u. a.) aus; 1929 war seine **autoritäre Diktatur installiert**.

1922 schloss sich die RSFSR mit drei Sowjetrepubliken zur **„Union der Sozialistischen Sowjetrepubliken“** zusammen:
- keine Gewaltenteilung,
- Führungsanspruch der KPdSU,
- hierarchische Struktur und Personalunion der Führung von Staat und Partei,
- „demokratischer Zentralismus“ (straffe Lenkung) innerhalb der KPdSU.

Stalinismus

Stalins wichtigste Thesen waren:
- „Aufbau des Sozialismus in einem Land“: statt Weltrevolution Errichtung des Sozialismus in Russland aus eigener Kraft,
- „Revolution von oben“: durch die Partei in Etappen,
- Pflege des russischen Patriotismus: Begründung des Führungsanspruchs der RSFSR in der UdSSR.

Industrialisierung der UdSSR

Stalin setzte diese ab 1929 in **Fünfjahresplänen** um:
- Zwangskollektivierung der Landwirtschaft in **Kolchosen** (dörflichen Kooperationsbetrieben) und **Sowchosen** (Staatsgütern), **Liquidierung der Kulaken**, des bäuerlichen Mittelstands (ca. 11 Mio.), durch Enteignung und Verbannung nach Sibirien;
- Aufbau der Schwerindustrie, Ausbau der Rüstungsindustrie;
- Elektrifizierung des Landes, Errichtung von Industriekombinaten, Autarkie bei Kohle und Öl;
- Privilegierung der neuen Schicht der „technischen Intelligenz“.

„Große Säuberung“ (1935/36–1938)

Die Endabrechnung mit seinen Gegnern nahm Stalin in der „Großen Säuberung“ (Tschistka) vor:

- Liquidierung der Abweichler in der Partei,
- Verhaftung von 8 Mio. Menschen,
- Verschickung von 5 bis 6 Mio. Menschen in Straflager,
- Schauprozesse gegen prominente Revolutionäre.

Zudem schüchterte die Geheimpolizei die Bevölkerung ein. Ein regelrechter **Personenkult** um Stalin stabilisierte seine Diktatur.

12.3 Nationalsozialismus in Deutschland (1933–1945)

„Machtergreifung“ (1933/1934)

Nach der **Ernennung Hitlers zum Reichskanzler** (30. 1. 1933) und der Aufnahme von zwei Nationalsozialisten in die Regierung folgte die **„legale Revolution“**, die die Nationalsozialisten selbst als „Machtergreifung“ der NSDAP bezeichneten:

- **Aufhebung von Grundrechten, Verfolgung politischer Gegner** durch die sog. **Brandschutzverordnung** (28. 2. 1933) nach dem den Kommunisten zur Last gelegten Reichstagsbrand (27. 2. 33): „Schutzhaft“ von Gegnern in ersten Konzentrationslagern, Verfolgung v. a. von Kommunisten und Sozialdemokraten (Verbot beider Parteipressen bereits durch die „Verordnung zum Schutze des deutschen Volkes“, 4. 2. 33);
- **Werben um bürgerliche und konservative Schichten:** Verbeugung Hitlers vor Hindenburg beim Staatsakt in der Potsdamer Garnisonskirche, einer Gedenkfeier zur Eröffnung des ersten Reichstags 1871 (**Tag von Potsdam**, 21. 3. 1933);

- **Ausschaltung des Parlaments** durch das **„Ermächtigungsgesetz“** (23. 3. 1933): Übergang der Legislative auf die Exekutive
  - ▶ Hitler damit unabhängig vom Reichspräsidenten;
- **„Gleichschaltung“ der Exekutive:** Einsetzung von Reichsstatthaltern als Länderregierungschefs (7. 4. 1933) durch das **Gesetz zur Wiederherstellung des Berufsbeamtentums:** Entlassung oppositioneller und „nichtarischer“ Beamter (7. 4. 1933, ↑ S. 136); Unterstellung der Schutz-, Kriminal- und politischen Polizei unter den „Reichsführer SS und Chef der deutschen Polizei“, Heinrich Himmler (*1900, †1945), bis 1936;
- **Beseitigung des föderativen Aufbaus des Reichs:** Aufhebung der Länderparlamente (30. 1. 1934), Auflösung des Reichsrats (14. 2. 1934);
- **Errichtung eines Einparteienstaats:** Unterdrückung der KPD (seit 28. 2. 1933), Verbot der SPD (22. 6. 1933), Selbstauflösung von DNVP, DVP, Zentrum, DStP (früher DDP, Juni/Juli 1933), Gesetz gegen die Neubildung von Parteien (14. 7. 1933)
  - ▶ **NSDAP Staatspartei** (1. 12. 1933);
- **Beseitigung innerparteilicher Rivalen** (Juni/Juli 1934): Ermordung des Stabschefs der SA Ernst Röhm (*1887, †1934) (**„Röhm-Putsch“**), weiterer SA-Führer und politischer Gegner (Schleicher u. a.) durch die Geheime Staatspolizei (Gestapo) und die SS, die an die Stelle der SA zu treten begann;
- **„Gleichschaltung“ der Judikative:** Erhebung Hitlers zur obersten Rechtsinstanz, zum Inhaber des von Gesetzen unabhängigen **„Führerrechts“** (3. 7. 1934);
- **Etablierung Hitlers als Diktator:** nach dem Tod Hindenburgs (2. 8. 1934) Übernahme des Reichspräsidentenamts durch Hitler am selben Tag unter dem Titel **„Führer und Reichskanzler“**, Vereidigung der Reichswehr auf Hitler persönlich statt auf die Verfassung.

Führerstaat und Gleichschaltung der Gesellschaft

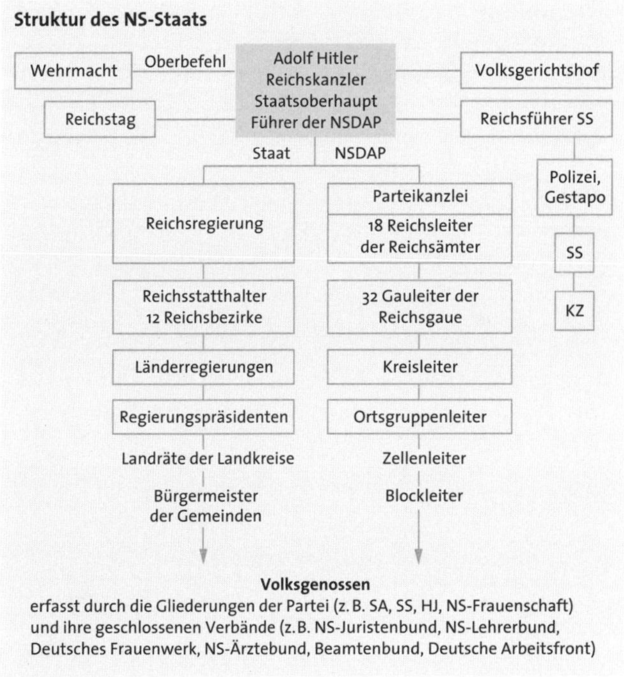

Kennzeichen des Führerstaats

Die nationalsozialistische Herrschaft ist nicht durch den nur scheinbaren, hierarchisch straff gegliederten Dualismus zwischen Partei und Staat gekennzeichnet, sondern durch:

- Kompetenzüberschneidungen,
- persönliche Rivalitäten um Hitlers Gunst.

Über dem Geflecht der Zuständigkeiten von Partei- und Staatsämtern stand unangefochten die **Führergewalt.**

Die Weimarer Verfassung war faktisch aufgehoben. Der selten zusammentretende Reichstag und das 1938 zum letzten Mal tagende Kabinett dienten nur als Akklamationsorgane.

Die **Auflösung der Rechtsstaatlichkeit** äußerte sich in einem zunehmend ungehemmteren Morden an „Gegnern" auf der Grundlage nur mündlicher Ermächtigungen Hitlers an persönlich Beauftragte (Ausnahme: Euthanasiebefehl vom 1.9.1939).

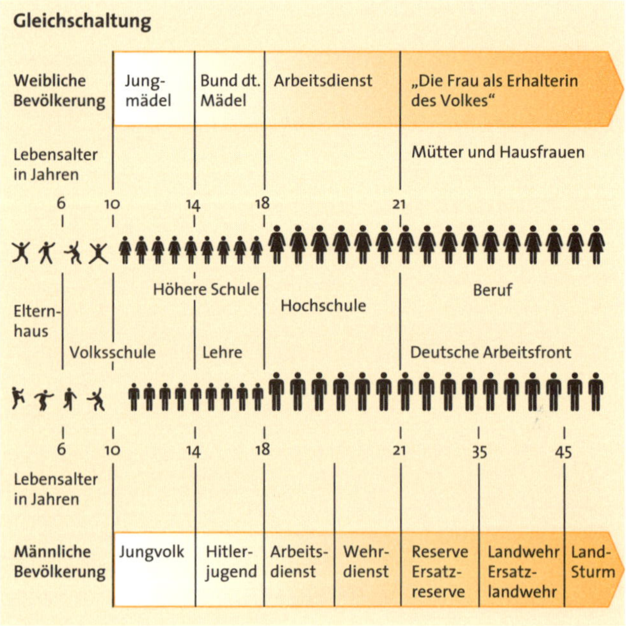

Organe der Gleichschaltung

Der einzelne Mensch wurde mit totalitärem Anspruch erfasst. Dazu dienten die **Gliederungen der NSDAP** (z.B. SA, SS, Hitlerjugend, NS-Frauenschaft) und die **ihr angeschlossenen Verbände** (z.B. DAF, NS-Ärztebund, NS-Juristenbund). Der kulturelle Bereich wurde durch das „Reichsministerium für Volksaufklärung und Propaganda“ und die Reichskulturkammer kontrolliert.

Die nationalsozialistischen Organisationen waren:

- hierarchisch strukturiert,
- ideologisch ausgerichtet,
- sollten die „Volksgemeinschaft“ verkörpern.

Umsetzung von „Führerprinzip“ und „Gleichschaltung“

In der „Deutschen Arbeitsfront“ (DAF) und ihrer Unterorganisation „Kraft durch Freude“ (KdF) funktionierte das z. B. so:

DAF

- Zusammenschluss von Unternehmern und Arbeitern bzw. Angestellten innerhalb der Betriebe;
- Zweck: Überwindung der „Klassengegensätze“ durch ein völkisch-nationales Gemeinschaftsbewusstsein, Beseitigung der gewerkschaftlichen Mitbestimmung und der Tarifautonomie (2. 5. 1933 Auflösung der Gewerkschaften, 20. 1. 1934 Auflösung der Betriebsräte);
- Struktur: zentralistisch-hierarchische Gliederung vom Zentralbüro hinunter bis zu Zellenblockwarten;
- Organisation der „Betriebsgemeinschaft“: der „Führer des Betriebs“ leitet die „Gefolgschaft“ der Arbeiter/Angestellten;
- betriebliche Sozialpolitik (Verbesserung von Urlaubsregelungen, Arbeitsschutz, im Wohnungsbau); Versuch, staatliche Lohnpolitik im Sinne der Arbeitnehmer zu beeinflussen.

KdF

Freizeitangebot: Theater, Film, Ausstellungen, Sport, Tanz, Massentourismus, Weiterbildung.

Dieses Vorgehen war äußerst erfolgreich. 1936 hatte die DAF 20 Mio. Mitglieder, obwohl keine Zwangsmitgliedschaft bestand.

Allgemeine Kennzeichen

Als Weltanschauung ist die nationalsozialistische Ideologie eine Anti-Haltung gegen die abendländischen Werte.

- vulgärphilosophische Grundlage: Sozialdarwinismus (↑ S. 85), Antiindividualismus (Ablehnung des eigenständigen Werts eines Menschen);
- Elemente: Rassismus, Antisemitismus, Nationalismus, Expansionismus;
- Ablehnung von: Humanität, Rationalität, Liberalismus, Parlamentarismus, Pazifismus.
- Gegenpol zur Aufklärung (↑ S. 7 ff.).

Menschenbild

Das zugrunde liegende Menschenbild offenbart Hitler in seinen „Erziehungs"vorstellungen. Er wollte die Jugend zu einem Raubtier machen, die ohne Skrupel Menschen und die Zivilisation vernichtet:

„Meine Pädagogik ist hart. Das Schwache muss weggehämmert werden… Eine gewalttätige, herrische, unerschrockene, grausame Jugend will ich … Das freie, herrliche Raubtier muss erst wieder aus ihren Augen blitzen …
So merze ich die Tausende von Jahren der menschlichen Domestikation aus … So kann ich das Neue schaffen …
Sie sollen mir in den schwierigsten Proben die Todesfurcht besiegen lernen. Das ist die Stufe der heroischen Jugend …
Aus ihr wächst die Stufe des freien, des Menschen, der Maß und Mitte der Welt ist, des schaffenden Menschen, des Gottmenschen …"

zitiert nach Hermann Rauschning, Gespräche mit Hitler (Zürich, 1940), S. 237

„Innervölkische“ Ebene

- Aufgehen des Einzelnen in der „Volksgemeinschaft“,
- Ausrichtung der „Volksgemeinschaft“ nach dem „Führerprinzip“.

„Internationale“ Ebene

Erste Prämisse:

- Es existieren unterschiedlich wertvolle Rassen: „arisch-nordische Herrenrasse“, „Kuli- und Fellachenrassen“ der Asiaten und Slawen, „Parasitenrasse“ der Juden;
- der Wert einer Rasse ist durch ihre Befähigung zum Erobern und Herrschen bestimmt;
- die Besonderheit der Juden: Sie sind unfähig zur Gründung eines eigenen Staates und stellen eine „parasitäre Existenz in Wirtsvölkern“ dar.

Zweite Prämisse:

- Gemeinsamkeit aller Rassen, Völker und Einzelnen ist der Drang nach Existenzerhaltung und -erweiterung;
- die Besonderheit der Juden: Streben nach Herrschaft durch Unterwanderung und „biologische Schwächung der Wirtsvölker“ durch Mischehen;
- Gleichsetzung von Juden und Bolschewiki (Oktoberrevolution = Durchbruch der „jüdischen Weltverschwörung“).

Folgerungen:

- ▶ Im Überlebenskampf aller gegen alle müssten die Juden als Feinde der Menschheit ausgerottet werden;
- ▶ das deutsche Herrenvolk finde den für seine Expansion nötigen Lebensraum am leichtesten in dem von Slawen besiedelten und von Kommunisten (= Juden) beherrschten Osten;
- ▶ Kriegsvorbereitungen.

Wirtschaftspolitik

Konzept und Ziele

Die Nationalsozialisten hatten **kein geschlossenes** wirtschaftspolitisches **Konzept.** Im Grundsatz stellten sie seit der Entmachtung der SA die kapitalistische Privatwirtschaft nicht infrage. Doch gab es **dirigistische Eingriffe** in den Arbeitsmarkt, das Preis-Lohn-Gefüge, die Rohstoff- und Kapitalmärkte und einzelne Produktionsbereiche. Diese nahmen im Laufe der Zeit zu, besonders im Krieg.

Die **obersten Ziele** waren:

- Erlangung der Autarkie (Unabhängigkeit vom Ausland) und
- Kriegsvorbereitung.

Vierjahresplan (September 1936)

Ziel war die Ausrichtung der Wirtschaft auf die beschleunigte Rüstung. Sie sollte in 4 Jahren kriegsfähig sein. Erreicht werden sollte dies durch Rohstoffkontingentierung, Investitionen sowie Lenkung des Arbeitseinsatzes. Als Verantwortlicher wurde Hermann Göring (*1893, †1946) eingesetzt.

Erfolge und Finanzierung

Zu Anfang profitierten die Nationalsozialisten vom Abflauen der Weltwirtschaftskrise seit Anfang 1933. Ein großer propagandistischer Erfolg wurde 1937/38 mit der **Beseitigung der Arbeitslosigkeit** erzielt, durch:

- Instandsetzungsprogramme („Unternehmen Reichsautobahn"),
- Aufrüstung,
- den obligatorischen Reichsarbeitsdienst.

Die Arbeitsbeschaffungsmaßnahmen und die Aufrüstung wurden durch eine unsolide **Verschuldungs- und Inflationspolitik** finanziert. Ende 1938 war die innere Verschuldung des Reichs auf 42 Mrd. Reichsmark angestiegen. Damit drängte auch die wirtschaftliche Lage zur Expansion als einer Binnenmarkterweiterung.

Außenpolitik bis zum Krieg

Die nationalsozialistische Außenpolitik hatte zwei Ziele, wobei das zweite das eigentliche war:

- die **Revision des Versailler Vertrags,**
- die **„Eroberung neuen Lebensraumes“.**

1. Phase: Revision des Versailler Vertrags

14.10.1933	**Austritt aus dem Völkerbund:** Kampfansage an die Versailler Ordnung
26.2.1934	**Nichtangriffspakt mit Polen:** Schwächung des französischen Bündnissystems bzw. der Einkreisung Deutschlands
17.1.1935	**Wiedereingliederung des Saarlands** nach im Versailler Vertrag vorgesehener Abstimmung (85 % Zustimmung)
16.3.1935	**Wiedereinführung der allgemeinen Wehrpflicht** unter Bruch des Versailler Vertrags
18.6.1935	**deutsch-britisches Flottenabkommen** (Flottenstärke 35 : 100) unter beidseitigem Bruch des Versailler Vertrags
7.3.1936	Kündigung der Locarno-Verträge, **Einmarsch ins entmilitarisierte Rheinland** gegen die Bestimmungen des Versailler Vertrags
25.10.1936	**Achse Berlin–Rom**
25.11.1936	**Antikominternpakt** mit Japan gegen die UdSSR, Januar 1937 Beitritt Italiens, März 1939 Beitritt Spaniens
13.3.1938	**„Anschluss“ Österreichs** an das Reich

12

2. Phase: „Eroberung neuen Lebensraumes"

Als Maxime für diese offen expansionistische Phase gab Hitler die „Heimführung" aller außerhalb des Deutschen Reichs siedelnden „Volksdeutschen" aus.

29.9.1938	**Münchener Konferenz:** Italien, England und Frankreich stimmen der Abtretung der deutsch besiedelten Sudetengebiete an Deutschland durch die Tschechoslowakei zu
1.10.1938	Einmarsch in die Sudetengebiete
16.3.1939	Errichtung eines deutschen **„Reichsprotektorats Böhmen und Mähren"** in der Tschechoslowakei: Einverleibung der „Resttschechei" entgegen den Bekundungen auf der Münchener Konferenz ▶ Ende der britischen **Appeasementpolitik**, Kriegsgefahr
23.8.1939	**deutsch-sowjetischer Nichtangriffspakt** („Hitler-Stalin-Pakt") mit geheimem Zusatzprotokoll (Aufteilung Osteuropas in deutsche und russische Einflusssphäre) ▶ Annäherung an den totalitären Gegner zur Vorbereitung des Überfalls auf Polen

Um seine Ziele zu erreichen, wechselte Hitler geschickt zwischen öffentlichen **Beteuerungen des Friedenswillens** und der **völkerrechtswidrigen Schaffung vollendeter Tatsachen.**

Verhalten der europäischen Mächte

Verschiedene Gründe ließen das Ausland abwartend reagieren und auf den Friedenswillen Hitlers setzen:

- eigene innere sozio-ökonomische Probleme infolge der Weltwirtschaftskrise (England, Frankreich),
- koloniale Auseinandersetzungen (England),
- Industrialisierungs- und „Säuberungs"politik (UdSSR, ↑ S. 124 f.)

Appeasementpolitik Chamberlains (seit 1937)

Großbritanniens Premierminister Arthur Neville Chamberlain (*1869, †1940) setzte eine konzessionsbereite „Beschwichtigungs"politik vor allem auf der Münchener Konferenz durch. Damit kam er der Antikriegshaltung im eigenen Land entgegen und konnte für die britische Aufrüstung Zeit gewinnen. Zudem begriff er die deutsche Außenpolitik als das traditionelle, legitime Streben nach einer Großmachtstellung.

Verfolgung und Vernichtung

Die ideologisch bedingte Verfolgung traf neben den Juden auch andere als „rassisch minderwertig" eingestufte Gruppen wie Sinti und Roma, Homosexuelle, Kriminelle, Zeugen Jehovas, geistig und körperlich Behinderte und Obdachlose. Sie richtete sich auch gegen politische Gegner, Kommunisten, Sozialdemokraten, Geistliche oder Widerständler. Sie wurden meist in Konzentrationslager verbracht, bei denen man zwischen **Arbeits- und Vernichtungslagern** unterscheiden muss.

Konzentrationslager (KZ/KL)

Seit 1933 entstanden und 1934 Himmler als Leiter der politischen Polizei und der SS unterstellt, waren sie der ordentlichen Gerichtsbarkeit entzogen. Die **„Schutzhäftlinge"**

- arbeiteten in den Arbeitslagern für SS-Wirtschaftsunternehmen,
- wurden an Industriebetriebe ausgeliehen,
- waren Experimentierobjekte für Menschenversuche.

Im Krieg explodierten Zahl und Umfang der KZ (394 Männer- und Frauenlager). In den **Vernichtungslagern** wurde mit Beginn des Russlandfeldzugs (22. 6. 1941, ↑ S. 140 f.) die Ausrottung der Juden (↑ S. 137 f.) durchgeführt.

Opfer des Nationalsozialismus

Die Zahl der Opfer kann man nur schätzen: Neben mehr als 5 Mio. Juden, ca. 520 000 Sinti und Roma haben die Nationalsozialisten ca. 70 000 geistig und körperlich Behinderte in ihrem „Euthanasieprogramm“ (Aktion T4 Jan. 1940–Aug. 1941) in Anstalten durch „Abspritzen“ ermordet.

Stationen der Judenverfolgung (1933–1941)

1. 4. 1933	Boykott jüdischer Geschäfte und Praxen
7. 4. 1933	**Gesetz zur Wiederherstellung des Berufsbeamtentums:** Ausschluss von Juden aus der Beamtenschaft
15. 9. 1935	**Nürnberger Gesetze** (später 13 Ergänzungsverordnungen): Aberkennung der bürgerlichen Gleichberechtigung, Verbot von Geschlechtsverkehr und Eheschließungen zwischen Juden und Nichtjuden, Nachweis „arischer“ Abstammung für den Beitritt zu Berufsorganisationen
1938	Registrierung jüdischer Vermögen und Gewerbebetriebe; Streichung der Zulassung für Ärzte und Rechtsanwälte; Einzug und erschwerte Ausgabe neuer, mit einem „J“ gekennzeichneter Reisepässe; Zwangsvornamen „Sara“ bzw. „Israel“ bei nichtjüdischen Vornamen: Verbot des Besuchs höherer Schulen, der Benutzung öffentlicher Verkehrsmittel; Einschränkung der Bewegungsfreiheit (Sperrbezirke, Ausgangssperren)
9./10. 11. 1938	organisierte Pogrome der **„Reichspogromnacht“** und Forderung von 1 Mrd. RM als Wiedergutmachungszahlung von den Juden
1939/40	Deportationen in Gettos und Lager
1. 9. 1941	Kennzeichnungspflicht **(„Judenstern“)**
23. 10. 1941	Emigrationsverbot

Vernichtung der europäischen Juden

In einer Villa am Wannsee in Berlin wurden am 20. 1. 1942 die Staatssekretäre wichtiger Reichsministerien über Pläne zur Vernichtung der europäischen Juden, von den Nationalsozialisten **„Endlösung der Judenfrage"** genannt, informiert:

Wannseekonferenz (20.1.1942)

Die Wannseekonferenz legte fest:
- Deportation der im deutschen Machtbereich befindlichen Juden in den Osten;
- ihre dortige Vernichtung durch Arbeitseinsatz;
- die Ermordung der Überlebenden.

Der Holocaust, die systematische Ermordung der Juden, begann mit dem Überfall auf die Sowjetunion (↑ S. 140). Zu der Gettoisierung, den Massenverhaftungen und Erschießungen durch den SS-Sicherheitsdienst (SD) und die Wehrmacht trat seit Spätsommer/Herbst 1941 die **technisch-industrielle Vernichtung** in den Gaskammern der Vernichtungslager Auschwitz, Majdanek, Treblinka, Sobibor, Belzec und Chelmno durch SS-Totenkopfverbände.

Widerstand

Der Widerstand gegen das Regime war durch seine Zersplitterung geschwächt und erfolglos. Man kann die Opposition gegen den Nationalsozialismus in drei Arten unterteilen:
- innere geistige Abgrenzung,
- Verweigerung im Alltag (etwa beim Hitlergruß),
- bewusster politischer Kampf. Der politische Widerstand hatte **keine breite Basis** in der deutschen Bevölkerung.

Gruppierungen des aktiven Widerstands

Kommunisten, Sozialdemokraten, Gewerkschafter	Sie begannen den offenen Widerstand, konnten gegen die staatliche Verfolgung jedoch keine effektiven Untergrundorganisationen aufbauen.
Kirchenvertreter	Nicht die katholische Amtskirche, aber einzelne Geistliche wie der Bischof von Münster, **Clemens August Graf von Galen** (*1878, †1946), verurteilten den Nationalsozialismus öffentlich. Auf evangelischer Seite widersetzte sich die **„Bekennende Kirche“** um Pfarrer Martin Niemöller (*1892, †1984) erfolglos der Gleichschaltung der evangelischen Christen zu „Deutschen Christen“.
„Weiße Rose“	Eine Gruppe Münchener Studenten um **Hans** (*1918, †1943) und **Sophie Scholl** (*1921, †1943) rief mit Flugblättern und Wandparolen zur Auflehnung auf (27. 6. 1942–18. 2. 1943). Die Kerngruppe wurde zu Haftstrafen oder zur Todesstrafe verurteilt.
Verwaltung, Militär	Mit dem Krieg traten die barbarische Zielsetzung und Realität der nationalsozialistischen Politik immer deutlicher hervor. Das intensivierte die Opposition in Verwaltung und Militär. Sie gipfelte im (gescheiterten) **Attentat des 20. Juli 1944,** ausgeführt von Claus Graf Schenk von Stauffenberg (*1907, †1944).
Einzelgänger	**Georg Elsers** (*1903, †1945) Attentat auf Hitler am 8. 11. 1939 im Bürgerbräukeller in München schlug fehl, weil dieser früher als geplant den Raum verließ.

12.4 Zweiter Weltkrieg (1939–1945)

Krieg in Europa (September 1939 bis Juni 1941)

Eroberung Polens (1. 9.–1. 11. 1939)

Am 1. 9. 1939 **überfiel die Wehrmacht Polen**. Daraufhin erklärten Großbritannien und Frankreich dem Deutschen Reich den Krieg (3. 9.). Gemäß dem Hitler-Stalin-Pakt (↑ S. 134) marschierten **sowjetische Truppen in Ostpolen** ein (17. 9.).

- Eingliederung Danzigs und der nach dem Ersten Weltkrieg an Polen abgetretenen Gebiete Posen und Westpreußen ins Deutsche Reich; Vertreibung der polnischen Bevölkerung;
- Errichtung des **„Generalgouvernements Polen"** im übrigen deutsch besetzten Polen;
- Beginn der Liquidierung der Führungsschicht durch Ermordung und Zwangsarbeit;
- Beginn der Gettoisierung der jüdischen Bevölkerung innerhalb polnischer Städte.

Weitere europäische Kriegsschauplätze

9. 4.–10. 6. 1940	**Besetzung Dänemarks und Norwegens**
10. 5.–4. 7. 1940	**Eroberung Frankreichs, Belgiens und der Niederlande.** Italien tritt in den Krieg gegen Frankreich und England ein (10. 6. 40).
Aug. 1940 bis Mai 1941	**Luftschlacht um England:** Die Lufthoheit über England kann Deutschland nicht erringen, weil England unter Premierminister Winstion Churchill (*1874, †1965) erbitterten Widerstand leistet und von den USA mit Kriegsmaterial unterstützt wird.
April 1941	**Balkanfeldzug:** Jugoslawien (17. 4.) und Griechenland (21. 4.) kapitulieren vor der deutschen Übermacht; aber heftiger Partisanenkrieg gegen Deutschland.

Frankreich nach der Eroberung

Die Nordhälfte mit Paris geriet unter deutsche Herrschaft, das autoritäre „Vichy-Regime“ unter Marschall Philippe Pétain (*1856, †1951) im Süden wurde toleriert. Ab Mitte 1941 entwickelte sich der französische Widerstand („Résistance“) mit Sabotage und Partisanenaktionen, aus dem Londoner Exil von General Charles de Gaulle (*1890, †1970) organisiert.

Angriff auf die Sowjetunion (22. 6. 1941)

Der deutsche Angriff auf den Bündnispartner (↑ S. 134) ohne Kriegserklärung sollte den Bolschewismus vernichten und „Lebensraum im Osten“ erobern. Nach anfänglichen Erfolgen der Deutschen konsolidierte sich die russische Abwehr. Nachdem der deutsche Angriff vor Moskau stecken geblieben war, ging die russische Armee zur Gegenoffensive über. Die militärischen Operationen waren von einem **Vernichtungskrieg** begleitet, v. a. gegen kommunistische Funktionäre und Juden:

- Hinter den vorrückenden Truppen wurden Juden von Einsatzkommandos der Sicherheitspolizei und des Sicherheitsdienstes getötet oder in KZ deportiert.
- Russische Kriegsgefangene und Zivilisten wurden zur Zwangsarbeit nach Deutschland verschleppt, mit Duldung oder Unterstützung der Wehrmacht.

Ausweitung zum Weltkrieg und Wende des Kriegs

Eintritt der USA in den Krieg (Dezember 1941)

Nach dem japanischen **Überfall auf** den amerikanischen Flottenstützpunkt **Pearl Harbor** auf Hawaii (7. 12. 1941), mit dem der größte Teil der amerikanischen Marine im Pazifik vernichtet werden sollte, traten die USA, die bereits im April 1941 mit England und der UdSSR eine **Anti-Hitler-Koalition** gebildet hatten, in den Krieg ein; dieser weitete sich nun zum **Weltkrieg** aus.

Das gewaltige Wirtschafts- und Militärpotenzial der USA entschied das Kräfteverhältnis zuungunsten der Achsenmächte Deutschland, Italien und Japan. Nahezu kontinuierlich flogen die Alliierten Angriffe auf die Kriegsinfrastruktur und die Zivilbevölkerung der deutschen Städte.

Wende des Kriegs zugunsten der Alliierten

3.–7.6.1942	Der Vormarsch der Japaner kommt zum Stehen: **Wende im Pazifikkrieg**.
31.1.–2.2.1943	Einkesselung und Kapitulation der 6. deutschen Armee in **Stalingrad**: Die deutsche Ostfront wird nach Westen zurückgedrängt.
Juli–Okt. 1943	Briten und Amerikaner landen auf Sizilien und erobern große Teile Italiens: Mussolini wird gestürzt (25.7., ↑S. 122f.), Italien scheidet aus der Achsenkoalition aus und erklärt Deutschland den Krieg (13.10.).
6.6.1944	**Landung der Alliierten in der Normandie:** Die Westalliierten befreien Frankreich und stoßen auf Reichsgebiet vor. Ab Januar 1945 überschreiten russische Truppen im Osten die Reichsgrenze.
7./9.5.1945	bedingungslose **Kapitulation der Wehrmacht**
6./9.8.1945	Abwurf amerikanischer Atombomben auf **Hiroshima** und **Nagasaki**
2.9.1945	bedingungslose **Kapitulation Japans**

„Bilanz“ des Zweiten Weltkriegs

55 Mio. Tote, davon durch Flucht, Vertreibung, Deportation, Besatzungsterror, Konzentrations- und Arbeitslager und Bombenkrieg 20 bis 30 Mio. Zivilisten.

13 Deutschland nach 1945

Wichtige Daten

2.8.1945 Potsdamer Abkommen zwischen USA, UdSSR und Großbritannien: Bildung des Alliierten Kontrollrats für Deutschland	Ausübung der Regierungsgewalt durch die Siegermächte, Aufteilung in Besatzungszonen, Entmilitarisierung, Entnazifizierung, Demokratisierung
24.5.1949 Inkrafttreten des Grundgesetzes	Gründung der BRD
7.10.1949 Inkrafttreten der Verfassung der DDR	Gründung der DDR
5.5.1955 Pariser Verträge: Aufnahme der BRD in die NATO	Integration der BRD in das westliche Lager
14.5.1955 Die DDR ist Gründungsmitglied des Warschauer Pakts.	Integration der DDR in den Ostblock
21.12.1972 Grundlagenvertrag zwischen BRD und DDR	gegenseitige völkerrechtliche Anerkennung
9.11.1989 Fall der Berliner Mauer	Ende der deutschen Teilung durch friedliche Revolution
3.10.1990 Beitritt der DDR zum Geltungsbereich des Grundgesetzes	staatsrechtliche Wiederherstellung der deutschen Einheit

13.1 Nachkriegsordnung

Auf mehreren Konferenzen berieten die USA, die UdSSR und Großbritannien über die europäische Nachkriegsordnung.

Konferenz von Teheran (28.11.–1.12.1943)	Aufteilung Deutschlands, neue Westgrenze der UdSSR, Westverschiebung Polens, Eröffnung der zweiten Kriegsfront in Frankreich im Frühjahr 1944
Konferenz von Jalta (4.2.–11.2.1945)	Bildung einer provisorischen polnischen Regierung, Curzon-Linie als polnische Ostgrenze (Verlust Ostgaliziens u. a.), Frankreich erhält als vierte Besatzungsmacht eine eigene Zone, Einberufung einer Konferenz zur Gründung der „Vereinten Nationen“
Potsdamer Konferenz (17.7.–2.8.1945)	Nordostpreußen mit Königsberg an die UdSSR, Bestätigung der Curzon-Linie, dafür deutsche Ostgebiete bis Oder und Neiße unter polnischer Verwaltung; Ausübung der Regierungsgewalt in Deutschland durch die Siegermächte, Einteilung in Besatzungszonen, Bildung des Alliierten Kontrollrats (Oberbefehlshaber); Entmilitarisierung, Entnazifizierung und Demokratisierung, Übereinkunft über Reparationen und Demontagen

Ergebnis der Konferenzen war u. a.:

- Auslöschung Deutschlands als Völkerrechtssubjekts,
- territoriale Verluste (ca. ein Viertel des Gebiets von 1937),
- Flucht und Vertreibung von ca. 12 Mio. Deutschen, v. a. aus den Gebieten östlich von Oder und Neiße und aus der Tschechoslowakei (Duldung bzw. Zustimmung der Westalliierten),
- Bildung von 4 Besatzungszonen und 4 Berliner Sektoren.

13.2 Erste Phase: Besatzungspolitik (1945–1948)

Die UdSSR wich in ihren Vorstellungen über eine Nachkriegsordnung von den westlichen Siegermächten ab. Der beginnende Ost-West-Konflikt (↑ S. 161 ff.) wirkte sich auf die Politik der Besatzungsmächte in Deutschland aus.

Einbeziehung der SBZ in den Ostblock

Die Besatzungsgewalt in der sowjetischen Besatzungszone (SBZ) übte die Sowjetische Militäradministration (SMAD) aus. Sie verfolgte ein doppeltes Ziel: die Entnazifizierung und Entmilitarisierung, aber v. a. die Umwandlung von Staat und Gesellschaft nach dem Muster der UdSSR. Stalin wollte die SBZ in den Sicherheitsgürtel kommunistischer Satellitenstaaten integrieren. Dies geschah über **ökonomisch-soziale Maßnahmen:**
- „Bodenreform" (Sept. 1945 bis Frühjahr 1946): entschädigungslose Enteignung von Betrieben und Grundbesitz von „Nazi- und Kriegsverbrechern" und des gesamten Großgrundbesitzes über 100 ha Betriebsfläche,
- Industriebetriebe, Banken und Versicherungen wurden enteignet und in „volkseigene Betriebe" (VEB) umgewandelt.
- Währungsreform (23. 6. 1948): Einführung der DM-Ost als Reaktion auf die Währungsreform in den Westzonen (↑ S. 145),

und über **politische Maßnahmen:**
- In Moskau geschulte Mitglieder der KPD erhielten einflussreiche Stellen in der Verwaltung,
- Zwangsvereinigung von KPD und SPD zur **Sozialistischen Einheitspartei Deutschlands** (SED, 21./22. 4. 1946),
- Umgestaltung der SED zur kommunistischen Kaderorganisation nach dem Vorbild der KPdSU (Juni/Juli 1948).

Einbeziehung der westlichen Zonen in den Westen

Die weltpolitische Blockbildung führte zu einer grundsätzlichen Frontstellung der USA gegen die UdSSR, formuliert von US-Präsident Truman (*1884, †1972) in der **Truman-Doktrin.**

Truman-Doktrin (12.3.1947)

Die USA offerieren den „in ihrer Freiheit bedrohten freien Völkern“ militärische und wirtschaftliche Unterstützung. Maxime der amerikanischen Politik wurde die Eindämmung (containment) des sowjetischen Einflusses (↑S.167).

Wegen der Einbeziehung der SBZ in den sowjetischen Machtbereich änderten die Westalliierten ihre Besatzungspolitik:

1947 Zusammenschluss der amerikanischen und britischen Zone zu einem Wirtschaftsraum, der **Bizone** (1.1.)

1947 **Marshall-Plan** (5.6.): Die USA bieten allen europäischen Ländern ein Hilfsprogramm für den Wiederaufbau der Wirtschaft an (Sachlieferungen, Kredite). Die UdSSR zwingt ihre Satellitenstaaten und die SBZ, das Hilfsprogramm abzulehnen.

1948 **Londoner Sechs-Mächte-Konferenz** (23.2.–6.3.; 1. Runde): Die USA, Großbritannien, Frankreich und die Beneluxstaaten entscheiden bezüglich Westdeutschlands: Erarbeitung einer Verfassung, Einbindung in den Westen, internationale Kontrolle des Ruhrgebiets. Aus Protest verlässt die UdSSR den Alliierten Kontrollrat (20.3.1948), dessen Tätigkeit damit endet.

1948 **Währungsreform** (21.6.): Einführung der Deutschen Mark, Umtausch von Löhnen, Gehältern, Mieten, Renten im Verhältnis 1:1, Schulden 10:1, Sparguthaben 100:6,5

Berliner Blockade (24. 6. 1948–12. 5. 1949)

Die UdSSR sperrte die Zufahrtswege zu den Westsektoren Berlins, um die Westmächte zu zwingen, die Verbindungen zwischen Westberlin und den Westsektoren aufzugeben. Diesem Angriff auf Berlins **Vier-Mächte-Status** begegneten die Amerikaner und Briten mit der Versorgung Westberlins aus der Luft mit **„Rosinenbombern“.** Damit zwangen sie Stalin zur Aufhebung der Blockade.

13.3 Zweite Phase: Entstehung der BRD und der DDR (1949)

Gründung der BRD (24. 5. 1949)

Die westlichen Alliierten wollen einen westlichen Teilstaat

Bis 1946 waren in allen drei Besatzungszonen Länder gebildet worden. Die Militärgouverneure übergaben den Ministerpräsidenten der westlichen Länder die Empfehlungen der Londoner Sechs-Mächte-Konferenz zur Gründung eines Weststaats (**Frankfurter Dokumente** vom 1. 7. 1948).

Die Ministerpräsidenten reagierten zurückhaltend. In den **Koblenzer Beschlüssen** (10. 7. 1948) hielten sie fest:

- keine Verfassung, nur ein vorläufiges Grundgesetz;
- die verfassunggebende Versammlung soll nicht vom Volk gewählt, sondern aus Delegierten der Landtage der westlichen Besatzungszonen gebildet werden.

Die Ministerpräsidenten betonten den provisorischen Charakter des „neuen Gebildes“, denn sie befürchteten die Teilung Deutschlands. Doch die Militärgouverneure bestanden auf der (Teil-)Staatsbildung: Sie vereinigten die französische Zone mit der Bizone zur **Trizone** (April 1949).

Das Grundgesetz: Lehren aus der Weimarer Verfassung

Am 1. 9. 1948 trat in Bonn der **Parlamentarische Rat** zusammen. Die 65 Delegierten der Länderparlamente verabschiedeten unter Vorsitz des CDU-Vorsitzenden der britischen Zone, Konrad Adenauer (*1876, †1967), am 8. 5. 1949 das **Grundgesetz.** Es trat am 24. 5. 1949 in Kraft. Wichtige Kennzeichen sind:

- **Stärkung der Regierung:** konstruktives Misstrauensvotum (Kanzlersturz nur bei Neuwahl eines Nachfolgers), Richtlinienkompetenz des Bundeskanzlers,
- **Beschneidung der Macht des Bundespräsidenten:** Staatsrepräsentation, nur Vorschlagsrecht für Kanzlerwahl, Wiederwahl nur einmal möglich,
- **Stärkung des Parlaments:** personalisierte Verhältniswahl (je 50 % Direktkandidaten und per Landesliste), 5 %-Sperrklausel, keine plebiszitären Elemente.

Staatsaufbau der Bundesrepublik Deutschland

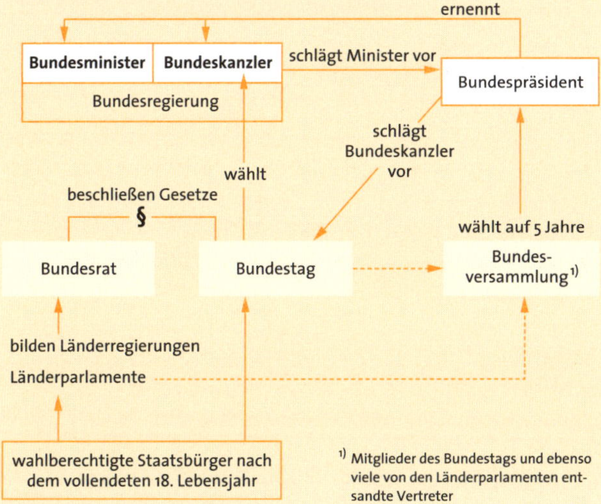

1) Mitglieder des Bundestags und ebenso viele von den Länderparlamenten entsandte Vertreter

Gründung der DDR (7. 10. 1949)

Als Reaktion auf die Gründung der BRD berief in der SBZ der „3. Deutsche Volkskongress“ den „2. Deutschen Volksrat“ ein, der sich zum Parlament, der **„provisorischen Volkskammer“**, erklärte und die bereits zuvor erarbeitete **Verfassung** in Kraft setzte. Die fünf Länderparlamente bestimmten eine provisorische Länderkammer (10. 10. 1949). Volkskammer und Länderkammer wählten den SED-Vorsitzenden **Wilhelm Pieck** (*1876, †1960) zum Präsidenten der DDR (11. 10. 1949) und das SED-Mitglied **Otto Grotewohl** (*1894, †1964) zum Ministerpräsidenten (12. 10. 1949).

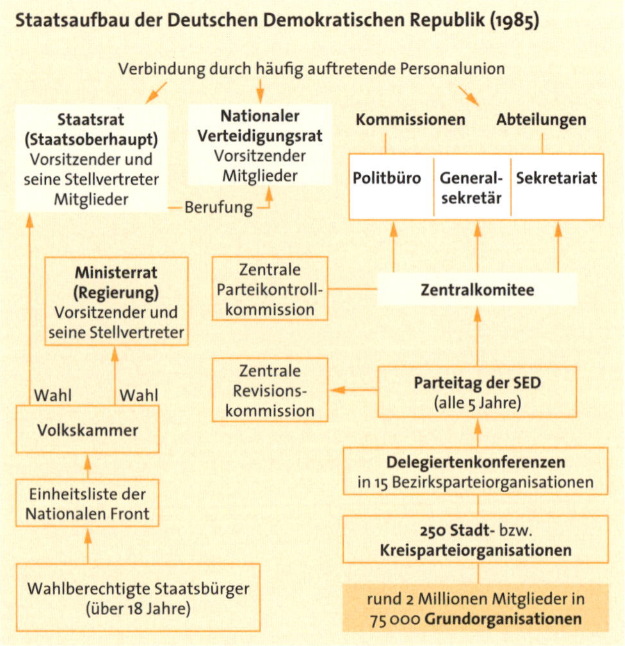

Scheincharakter der Volkskammerwahlen

Mit der Aufstellung von Kandidaten auf der Einheitsliste der „Nationalen Front", die die Verteilung der Mandate mit Dominanz der SED festlegte, wurde die Diktatur der SED gesichert. In der Verfassung von 1968 wurde die Führungsposition der SED staatsrechtlich verankert.

Eingeschränkte Souveränität

Die beiden deutschen Staaten verfügten nur über eine eingeschränkte Souveränität:

BRD ▶ Besatzungsstatut (21. 9. 1949–25. 5. 1955): Auflösung der Militärregierungen, doch oberste Gewalt bei Westmächten; die „Alliierte Hohe Kommission" bestimmt über Außenpolitik, -handel, gesamtdeutsche Angelegenheiten, Verfassung, Reparationen

DDR ▶ Umwandlung der „Sowjetischen Militäradministration Deutschland" (SMAD) in die „Sowjetische Kontrollkommission" (SKK), hatte oberste Gewalt; Übertragung der Verwaltungsfunktionen an die provisorische Regierung der DDR (10. 10. 1949).

13.4 Dritte Phase: Verfestigung der Spaltung (1950–1957)

Einbindung der DDR in den Ostblock

Aus Abhängigkeit von der Freundschaft mit der UdSSR und den „Volksdemokratien" (↑ S. 162) erkannte die DDR die Oder-Neiße-Linie (↑ S. 143) als polnische Westgrenze an (6. 7. 1950).

Stationen der Ostintegration und der Eigenstaatlichkeit

29.9.1950	Beitritt zum **Rat für gegenseitige Wirtschaftshilfe** (RGW, ↑S. 162)
14.5.1955	Gründungsmitglied des **Warschauer Pakts** (↑S. 163)
20.9.1955	Die DDR erhält formal die Souveränität. In der Praxis bestimmt Moskau ihre Politik.
18.1.1956	Aufbau der **Nationalen Volksarmee;** sie wird teilweise dem Vereinigten Oberkommando des Warschauer Pakts unterstellt.

Westintegration der BRD

Ziel Adenauers (seit 15.9.1949 Bundeskanzler) war die rasche **Eingliederung der BRD in das westliche Lager** und ihre **Wiederbewaffnung.** Davon versprach er sich Sicherheit vor der UdSSR und einer weiteren Ausbreitung des Kommunismus sowie die Herstellung der völligen Souveränität der BRD.

Stationen der Westintegration und der Eigenstaatlichkeit

18.4.1951	Bildung der **Europäischen Gemeinschaft für Kohle und Stahl** („Montanunion", ↑S. 184)
5.5.1955	Inkrafttreten der **Pariser Verträge** (23.10.1954) und des **Deutschlandvertrags** (26.5.1952): Eingliederung der BRD in das westliche Bündnissystem, Aufnahme in die Westeuropäische Union und die NATO (↑S. 162), völlige Souveränität (bis auf Berlin und gesamtdeutsche Angelegenheiten)
ab 1.1.1957	**Wiedereingliederung** des 1945 unter französische Verwaltung gestellten **Saarlands** in das Bundesgebiet mit Zustimmung Frankreichs
25.3.1957	Römische Verträge: Gründung der **Europäischen Wirtschaftsgemeinschaft** (EWG) und der Europäischen Atomgemeinschaft (EURATOM, ↑S. 184)

13.5 Deutschland- und Außenpolitik der BRD

Erste Phase: 1949–1969

Die Deutschlandpolitik war von Adenauers Zielsetzung bestimmt, die Wiedervereinigung aus der Position der Stärke zu erreichen (↑ S. 158 f.). Diese Politik der offenen Ablehnung der DDR musste in den 60er-Jahren allmählich aufgegeben werden.

Das Verhältnis zur DDR wurde bis ca. 1970 von der **Hallstein-Doktrin** bestimmt, benannt nach dem Staatssekretär im Auswärtigen Amt, Walter Hallstein, (*1901, †1982):

- Alleinvertretungsanspruch der BRD für Gesamtdeutschland,
- BRD nimmt zu keinem Staat, der die DDR völkerrechtlich anerkennt, Beziehungen auf (außer zur UdSSR [13. 9. 1955] unterhielt die BRD bis ca. 1970 mit keinem Ostblockstaat diplomatische Beziehungen).

Für die Außenpolitik insgesamt galt bis 1989 die Maxime **Westintegration vor Wiedervereinigung.** Schwerpunkte waren die

- deutsch-französische Partnerschaft,
- europäische Integration,
- transatlantische Partnerschaft.

Zweite Phase: 1969–1989

Die sozial-liberale Koalition (1969–82) nahm unter Bundeskanzler Willy Brandt (SPD, *1913, †1992) einen Kurswechsel in der Deutschland- und **Ostpolitik** der BRD vor. Sie strebte eine Verbesserung des Verhältnisses zur DDR und eine Normalisierung der Beziehungen zu den Ostblockstaaten an.

Maßnahmen der Ostpolitik

12.8.1970	**Moskauer Vertrag:** Die BRD und die UdSSR erkennen alle in Europa bestehenden Grenzen (einschließlich der innerdeutschen und der Westgrenze Polens) an.
7.12.1970	**Warschauer Vertrag:** Die BRD erkennt die polnische Westgrenze an (symbolischer Akt: Kniefall Brandts im Warschauer Getto).
3.9.1971	**Viermächteabkommen** über Berlin und zwei Folgeverträge zwischen BRD und DDR: Westberlinern und Westdeutschen werden der Transitverkehr sowie Reisen in die DDR und nach Ostberlin erlaubt.
21.12.1972	**Grundlagenvertrag:** Die BRD und die DDR erkennen einander gegenseitig staatsrechtlich an.

Die **Auswirkungen** dieser Maßnahmen waren:
- **innerdeutsch:** Möglichkeit des privaten Kontakts,
- **für die BRD:** Möglichkeit aktiver Ostpolitik,
- **für die DDR:** internationale Anerkennung, finanzielle Unterstützung aus der BRD,
- **international:** Auftrieb für Entspannungspolitik (↑ S. 167).

13.6 Wirtschaft, Innenpolitik und Gesellschaft in BRD und DDR (1949–1989)

BRD

Ökonomische Entwicklung

Sie lässt sich in folgende Phasen einteilen:
- **„Wirtschaftswunder" der 50er-Jahre:** außergewöhnliche Zuwachsraten bei Produktion und Produktivität (1953

Lebensstandard der Vorkriegszeit erreicht, 1956 Vollbeschäftigung), Einführung der **sozialen Marktwirtschaft** unter Wirtschaftsminister Ludwig Erhard (CDU, *1897, †1977), Integration von Flüchtlingen und Vertriebenen (10. 7. 1952 Lastenausgleichsgesetz), Nachfrage größer als Angebot, Massenkonsum;

- **Normalisierung 1960–1973:** Verlangsamung des Wirtschaftswachstums, kräftige Nachfrage, hohe Produktivitätszuwächse, Lohnexpansion, geringe Inflation, niedrige Arbeitslosigkeit bei schrumpfendem Arbeitskräfteangebot; 1966/67 Rezession;
- **Krisen der 70er-Jahre:** wirtschaftssteuernde Maßnahmen des Staates; die drastische Ölpreiserhöhung der Ölförderstaaten 1973 führt zu einer Energiekrise, geringes/negatives Wirtschaftswachstum, Stagnation der Produktion, Strukturwandel (Kohle, Stahl, Werften), Inflation, Anstieg der Arbeitslosigkeit ab 1975, strukturelle Defizite der öffentlichen Haushalte; aber: hohes Konsumniveau, Massenwohlstand;
- **Neoliberalismus der 80er-Jahre:** Wirtschaftskrise 1981/82 gedeutet als Scheitern der antizyklischen Wirtschaftspolitik, Rückkehr zum Wirtschaftsliberalismus (Staat setzt nur Rahmenbedingungen, Angebotsorientierung).

Soziale Marktwirtschaft

Die soziale Marktwirtschaft ist eine über Märkte (Wettbewerb) gesteuerte Wirtschaftsform unter Mitwirkung starker Interessengruppen, v. a. der Arbeitnehmer (Gewerkschaften). Angebot und Nachfrage bestimmen Preise, Gewinne und Löhne. Die soziale Marktwirtschaft wird seitens des Staats sozial abgefedert, indem er übermäßige Monopolisierung unterbindet, eine gewisse Einkommensumverteilung durch Steuern herstellt und ein „soziales Netz“ für wirtschaftlich Schwächere schafft.

Regierungen der BRD seit 1949

Von 1949–66 und von 1982–98 stellte die CDU/CSU – meist in Koalitionen mit der FDP – die Regierungen (Kanzler: Adenauer, Ludwig Erhard; Helmut Kohl [*1930]). Die SPD, die sich im Godesberger Programm (Nov. 1959) von der marxistischen Ideologie gelöst hatte, war erstmals in der Großen Koalition (1966–69) mit der CDU an der Regierung beteiligt (Kanzler: Kurt Georg Kiesinger [*1904, †1988, CDU]). Von 1969–82 regierte sie mit der FDP, 1998–2005 mit Bündnis 90/Die Grünen (Kanzler: Willy Brandt, Helmut Schmidt [*1918]; Gerhard Schröder [*1944]). 2005 bildeten CDU/CSU und SPD erneut eine Große Koalition (Kanzlerin: Angela D. Merkel [*1954]).

Gesellschaft und Innenpolitik

Die gesellschaftliche und innenpolitische Entwicklung vollzog sich im Spannungsfeld des Ost-West-Konflikts.

1956	**Aufbau der Bundeswehr** im Rahmen der NATO
1965/ 1966	Entstehung der **„außerparlamentarischen Opposition" (APO):** Kampf gegen antidemokratische Tendenzen und die große Koalition erweitert zu fundamentaler Kritik an Kapitalismus und „autoritärer" Gesellschaft, Folge: **68er-Bewegung** „linker" Studenten und Intellektueller, z.T. gewaltsamer Protest, Abgleiten von extremen Anhängern in den Terrorismus **(Rote-Armee Fraktion)**
29.5. 1968	**Notstandsverfassung:** Außerkraftsetzen von Grundgesetzartikeln bei innerem Notstand bzw. Katastrophen- oder Verteidigungsfall; innenpolitisch umstritten
1980 –1986	Proteste der **Friedensbewegung** gegen die Nachrüstung (**NATO-Doppelbeschluss,** 1979: Stationierung atomarer Mittelstreckenraketen, ↑S.168)
1980	Gründung der Partei **DIE GRÜNEN** aus Umwelt-, Friedens- und Frauenbewegung

DDR

Die DDR hatte mit schweren ökonomischen Belastungen durch Reparationsleistungen (Demontagen, Entnahmen aus der Produktion) an die UdSSR und mit strukturellen Mängeln der Planwirtschaft zu kämpfen. Hinzu kamen:

- mangelhafte demokratische Legitimation (99 % für die „Nationale Front" [↑ S. 149] in allen Wahlen),
- Unfreiheit und politische Unterdrückung,
- Flucht von ca. 2,7 Mio. Menschen in die BRD (1949 bis 1961).

Ära Ulbricht (1950–1971)

Walter Ulbricht (*1893, †1973), 1. Sekretär des Zentralkomitees der SED, strebte den **„Aufbau des Sozialismus"** nach dem Vorbild des stalinistischen Systems in der UdSSR an:

- Durchsetzung der „führenden Rolle der Arbeiterklasse und ihrer Partei", Verstärkung der ideologischen Indoktrination und innerparteilichen Kontrolle;
- Gründung des Ministeriums für Staatssicherheit (MfS, 8. 2. 1950, ↑ S. 156);
- 1. Fünfjahresplan (24. 7. 1950)
  ▸ Übergang zur Planwirtschaft;
- Beginn der Errichtung der „landwirtschaftlichen Produktionsgenossenschaften" (LPG)
  ▸ Kollektivierung der Landwirtschaft (12. 7. 1952);
- Vergrößerung des „sozialistischen" Sektors der Volkswirtschaft bis zur absoluten Vorherrschaft (weitere Verstaatlichung von Betrieben, Enteignung des gewerblichen Mittelstands, staatliche und genossenschaftliche Organisation des Einzelhandels);
- Ausbau der Schwerindustrie, Vernachlässigung der Konsumgüterindustrie
  ▸ Versorgungsengpässe;

- Ersetzung der 5 Länder durch 14 Bezirke (23. 7. 1952)
  ▸ „demokratischer Zentralismus“ als Prinzip des Staatsaufbaus;
- **Niederschlagung des Aufstands vom 17. Juni 1953** durch sowjetische Truppen (Ein Bauarbeiterstreik wegen Erhöhung der Arbeitsnormen hatte sich zu Massenstreiks und Demonstrationen im ganzen Land ausgeweitet.);
- **Beginn des Baus der Berliner Mauer** (13. 8. 1961, ↑ S. 159), verstärkte Sicherung der Grenze (Schießbefehl)
  ▸ Erschweren von Widerstand oder Flucht.

Ära Honecker (1971–1989)

Erich Honecker (*1912, †1994), ab 1971 Nachfolger Ulbrichts als Erster Sekretär der SED, suchte die soziale Sicherheit und die politische Kontrolle zu stärken:

- Verschlechterung der wirtschaftlichen Lage
  ▸ Stagnation, zunehmende Auslandsverschuldung, hohe Staatsausgaben (v. a. wegen der Sozialpolitik), Mängel bei der Konsumgüterversorgung und den Dienstleistungen;
- Ausbau des Ministeriums für Staatssicherheit;
- soziale Verbesserungen
  ▸ fast keine Arbeitslosigkeit, niedrige Kriminalitätsrate, Gleichberechtigung der Geschlechter, erschwingliche medizinische Versorgung, bedarfsdeckende Kinderbetreuung;
- seit Mitte der 80er-Jahre **Friedensbewegung** trotz Repressalien auch in der DDR („Schwerter zu Pflugscharen“).

▸ Ministerium für Staatssicherheit („Stasi“)

Staatlicher Sicherheitsdienst der DDR, der parallel zur deutsch-deutschen Annäherung ausgebaut wurde (1989 ca. 85 000 ständige und ca. 109 000 Inoffizielle Mitarbeiter [IM]);
Ziel: systematische und flächendeckende Kontrolle der Bevölkerung, Verfolgung und Unterdrückung Oppositioneller.

13.7 Vereinigung der beiden deutschen Staaten (1989/1990)

Die Reformpolitik des neuen Generalsekretärs der KPdSU (1985–1991), Michail S. Gorbatschow (*1931, ↑ S. 175), führte zum Ende des Ostblocks (↑ S. 176). Weil damit die Existenz der DDR bedroht war, distanzierte sich die SED-Führung vom Reformkurs. Doch der Zusammenbruch war nicht aufzuhalten.

Etappen der Auflösung der DDR und der Vereinigung

1989	Massenflucht von DDR-Bürgern über Ungarn und Österreich in die BRD bzw. über Polen und die ČSSR in die dortigen westdeutschen Botschaften
9.11.1989	Öffnung der Grenze zur BRD, **Fall der Berliner Mauer**
28.11.1989	Zehn-Punkte-Programm Helmut Kohls: über Konföderation zur Einigung nach Demokratisierung der DDR in internationaler Abstimmung
18.3.1990	freie Wahlen zur Volkskammer: Sieg der „Allianz für Deutschland“ (CDU/CSU, Deutsche Soziale Union [DSU], Demokratischer Aufbruch [DA]) mit 47,8 %, Ziel: schnelle Einführung der Marktwirtschaft und Vereinigung mit der BRD
1.7.1990	**Wirtschafts-, Währungs- und Sozialunion:** Übertragung der Systeme der BRD auf die DDR
23.8.1990	Verabschiedung des **Einigungsvertrags** durch Bundestag und Volkskammer (in Kraft getr.: 29.9.)
12.9.1990	**Zwei-plus-vier-Vertrag** zwischen BRD, DDR und den Siegermächten: Aufhebung der gesamtdeutschen Rechte der Alliierten
3.10.1990	**Beitritt der DDR** zum Geltungsbereich des Grundgesetzes nach Art. 23 GG
2.12.1990	**erste gesamtdeutsche Bundestagswahl**

Erste Phase: Verhärtung der Fronten (1950er-Jahre)

Die deutsche Frage wurde Teil des Ost-West-Konflikts. Dabei waren die Einstellungen der Hegemonialmächte zu den Teilstaaten gegensätzlich.

Haltung der USA	Die BRD ist der einzige rechtmäßige deutsche Staat (Pariser Verträge).
Haltung der UdSSR	Zwei-Staaten-Theorie: Beide deutschen Staaten sind gleichrangig.

Jeder Versuch, die deutsche Frage zu lösen, scheiterte. Dass die USA und die UdSSR ein vereinigtes Deutschland in ihre Einflusssphäre einbeziehen wollten, zeigte sich v. a. an der Reihenfolge der Schritte zur Vereinigung, die sie vorschlugen, und an der sowjetischen Forderung nach Neutralität.

Stalinnoten (10. 3. 1952 und 9. 4. 1952)

In zwei Noten an die Westmächte bot Stalin die Vereinigung Deutschlands an:

1) Friedensvertrag,
2) freie Wahlen.

Ziel war ein neutrales Deutschland ohne Militärbündnis gegen einen früher feindlichen Staat. Die Westmächte (und Adenauer) lehnten das Angebot ab. Sie befürchteten, dass das geeinte Deutschland ganz unter den Einfluss der UdSSR geraten werde. Denn der durch den Ausbruch des Koreakriegs (↑S. 169) verschärfte Ost-West-Konflikt verstärkte das gegenseitige Misstrauen. Im Kalten Krieg passte ein neutrales Deutschland zudem nicht in ihr geostrategisches Konzept.

Berliner Außenministerkonferenz (25.1.–18.2.1954):

Sie scheiterte an der Reihenfolge der Deutschlandpläne.

Edenplan (nach dem britischen Außenminister)
1) **freie Wahlen**,
2) Nationalversammlung: Verfassung,
3) **Regierungsbildung**,
4) Friedensvertrag;

Ergebnis: demokratisches Deutschland, in den Westen einbezogen

Molotowplan (nach dem sowjet. Außenminister)
1) **Friedensvertrag**
2) **Regierungsbildung** durch die bestehenden Parlamente,
3) **Wahlen**; **Neutralität**;

Ergebnis: Erhaltung der sozialistischen Struktur Ostdeutschlands, neutrales Gesamtdeutschland (auf Dauer?)

Zweite Phase: Anerkennung des Status quo (ab 1960)

Die USA und die UdSSR anerkannten die jeweilige Hegemonialstellung (↑S.161), also den territorialen und machtpolitischen Status quo in Europa.

Testfall: Der Bau der Berliner Mauer (13.8.1961)

US-Präsident John F. Kennedy (↑S.167) verkündete die „three essentials“ der amerikanischen Berlinpolitik (25.7.1961):

- Stationierung der westlichen Truppen in den Westsektoren,
- freier Zugang für sie,
- Sicherheit, Freiheit, Selbstbestimmung für Westberlin.

Damit wurde Ostberlin als Herrschaftsgebiet der UdSSR anerkannt. Die DDR nutzte dies zur Lösung ihres Flüchtlingsproblems mit dem Bau der Mauer entlang der russischen Sektorengrenze (13.8.1961). Von Bonn zu Gegenmaßnahmen aufgefordert, reagierten die Westmächte nur mit verbalem Protest.

14 Die Welt nach 1945

Wichtige Daten

Ost-West-Konflikt	
12.3.1947 Truman-Doktrin	Leitlinie der USA gegen Kommunismus
1962 Kubakrise	Gefahr eines Atomkriegs
12.11.1968 Breschnew-Doktrin	Anspruch der UdSSR auf Vorherrschaft im Warschauer Pakt
1989–1991 Zerfall des Ostblocks	Zusammenbruch des kommunistischen Systems
Entkolonialisierung	
1931 Entstehung des British Commonwealth	Gleichstellung der Dominions, Ende des englischen Imperialismus
18.–24.4.1955 Konferenz der Blockfreien in Bandung	Festlegung auf neutralen Weg im Ost-West-Konflikt
Nahostkonflikt	
14.5.1948 Gründung Israels	Ausbruch des Konflikts
1948/49–1982 mehrere arabisch-israelische Kriege	erfolglose Versuche einer militärischen Konfliktlösung
Europäische Integration	
18.4.1951 Gründung der Montanunion	Keimzelle der europäischen Integration
1.11.1993 Gründung der EU	Vertiefung der politischen Integration

14.1 Entstehung des Ost-West-Konflikts

Die „Anti-Hitler-Koalition“ (↑ S. 141) war die Grundlage für die Gründung der **Vereinten Nationen** (UN, 24. 10. 1945). Sie knüpfte an den Völkerbund an und schloss die USA und die UdSSR ein. Dennoch konnte sie den Konflikt zwischen den Supermächten **USA und UdSSR** nicht verhindern. Beide **dominierten** ideologisch, politisch, ökonomisch und militärisch über verbündete Staaten **in einem westlichen bzw. Ostblock.** Sie standen der Ausweitung des Einflusses der anderen Supermacht ablehnend gegenüber. In Mitteleuropa und besonders im geteilten Deutschland (↑ S. 146 ff.) stießen die Blöcke direkt aufeinander. Nach 1945 konkurrierten die USA und die UdSSR zunächst v. a. in Europa, nach 1960 v. a. in Afrika, Asien und Lateinamerika um die Vorherrschaft.

Eiserner Vorhang

1946 sagte der britische Premierminister Churchill (*1874, †1965), dass von Stettin bis Triest ein Eiserner Vorhang inmitten von Europa niedergegangen sei. Er bezeichnete damit die territoriale Abschottung des Ostblocks vom Westen.

Entstehung des Ostblocks

Die UdSSR dehnte ihr Staatsgebiet im Zweiten Weltkrieg nach Westen aus. Sie annektierte:

- die baltischen Staaten Estland, Lettland, Litauen,
- 46 % des polnischen Gebiets,
- Karpatho-Ukraine (von der Tschechoslowakei),
- Ostpreußen, nördliche Hälfte mit Königsberg,
- Bessarabien und Bukowina (von Rumänien),
- Ostkarelien, Provinz Petsamo (von Finnland).

Die nicht annektierten Staaten Ost- und Mitteleuropas, die von der Roten Armee besetzt waren, wurden Stalins (↑ S. 123 ff.) Vorstellungen entsprechend bis 1948 in kommunistische **„Volksdemokratien"** (Polen, ČSSR, Ungarn u. a.) umgewandelt. Sie waren als Satellitenstaaten politisch, militärisch und wirtschaftlich von der UdSSR abhängig.

Entstehung des westlichen Lagers

Gegen Ende des Zweiten Weltkriegs waren die USA die mächtigste Nation der Welt:

- Sie besaßen das **Atomwaffenmonopol** (erstmaliger Einsatz gegen Japan 6./9. 8. 1945, ↑ S. 141).
- Sie waren die **stärkste Wirtschaftsmacht:** Der Dollar entwickelte sich zur nationalen Leit- und Reservewährung (Konferenz von Bretton Woods 1. – 22. 7. 1944).

Die USA erhoben den Anspruch auf politische Führung der westlichen Welt. Die westeuropäischen Staaten, die sich von der Expansion des Kommunismus bedroht fühlten, ordneten sich diesem Anspruch bereitwillig unter.

Beginn der Konfrontation

Der Ost-West-Konflikt entwickelte sich mit dem Auseinanderbrechen der „Anti-Hitler-Koalition". Auf jeden Machtgewinn der einen reagierte die andere Supermacht mit dem Bestreben, diesen auszugleichen. Diese **Ereignisse** standen **am Beginn:**

- Truman-Doktrin (12. 3. 1947, ↑ S. 145),
- Marshall-Plan (5. 6. 1947, ↑ S. 145),
- Gründung des Rats für gegenseitige Wirtschaftshilfe (RGW/COMECON, 25. 1. 1949);
  Mitglieder: UdSSR, Polen, ČSSR, Ungarn, Rumänien, Bulgarien, DDR (seit 1950), Mongolische Volksrepublik (seit 1962) und Kuba (seit 1972); assoziiertes Mitglied: Jugoslawien,
- Gründung der NATO (4. 4. 1949, militärisches Bündnis nord-

amerikanischer und europäischer Staaten unter Führung der USA),

- Berliner Blockade (24. 6. 1948 – 12. 5. 1949, ↑ S. 146),
- Gründung der BRD (24. 5. 1949, ↑ S. 146 f.),
- Gründung der DDR (7. 10. 1949, ↑ S. 148),
- Arbeiteraufstand in der DDR (17. 6. 1953, ↑ S. 156)
- Koreakrieg (1950 – 53, ↑ S. 169 f.),
- Gründung des Warschauer Pakts (14. 5. 1955, militärischer Beistandspakt des Ostblocks unter Vorherrschaft der UdSSR).

14.2 Die UdSSR und der Ostblock (1953–1991)

Politik gegenüber dem westlichen Lager

Chruschtschow: Strategie der Koexistenz

Wenige Monate nach dem **Tod Stalins** (5. 3. 1953) wurde Nikita S. Chruschtschow (*1894, †1971) Erster Sekretär des Zentralkomitees der KPdSU (Sept. 1953), später auch Ministerpräsident (27. 3. 1958). Gegenüber dem Westen verfocht Chruschtschow die Strategie der **„friedlichen Koexistenz“,** in Abkehr von Stalins **„Zwei-Welten-Theorie“** (6. 2. 1946), der aggressiven Frontstellung gegen das „kapitalistische Lager“.

Strategie der „friedlichen Koexistenz“

Statt direkter militärischer Konfrontation zwischen den Blöcken sollte es friedliche Kontakte mit dem Westen geben. Der Kampf der „Systeme“ sollte dennoch, aus einer Position der militärischen Stärke der UdSSR heraus, fortgeführt werden, v. a. durch die Unterstützung von Befreiungsbewegungen in den Kolonien (↑ S. 177 ff.) und durch wirtschaftlichen Wettbewerb.

Breschnew: Von der Entspannung zur Konfrontation

Chruschtschows Nachfolger Breschnew (↑ S. 165) zielte in seiner Westpolitik auf **Entspannung** und **Bewahrung des Status quo.** Stationen waren:

- **Moskauer Vertrag** 1970 (↑ S. 152),
- **Viermächteabkommen über Berlin** 1971: Die UdSSR garantiert den ungehinderten Personen- und Güterverkehr zwischen den Westsektoren und der BRD,
- **SALT-I- und II-Verträge** von 1972 und 1979 (↑ S. 174),
- **KSZE-Schlussakte** 1975 (↑ S. 174).

Der **Einmarsch in Afghanistan** (↑ S. 168) und der **Druck auf** die polnische Gewerkschaftsbewegung **Solidarność** (1980/81) führten aber zur Verschärfung des Ost-West-Gegensatzes.

Entwicklungen im Ostblock

Entstalinisierung innerhalb der UdSSR

Auf dem XX. Parteitag der KPdSU (14.–25. 2. 1956) kritisierte Chruschtschow in einer Geheimrede die Verfolgungen und den Personenkult in der Stalin-Ära und leitete Reformen ein.

Opposition gegen die sowjetische Hegemonie

Einige Ostblockstaaten stellten den Führungsanspruch der KPdSU infrage und beanspruchten nationale Sonderwege:

- **Jugoslawien** unter Marschall Josip Tito (*1892, †1980): Ablehnung des Stalinismus schon 1948,
- **Ungarn** unter Imre Nagy (*1896, †1958): Ablehnung des Stalinismus, 1. 1. 1956 Austritt aus dem Warschauer Pakt,
- **Rumänien** unter Nicolae Ceausescu (*1918, †1989): nationalistischer Sonderweg.

Auf diese Auflösungstendenzen des sozialistischen Lagers reagierte Chruschtschow, indem er den einzelnen Staaten einen größeren Entscheidungsfreiraum einräumte. Statt offener militärischer und politischer Abhängigkeit wollte er die Volksdemokratien stärker wirtschaftlich der sowjetischen Hegemonie unterwerfen. Den **Volksaufstand in Ungarn** (23. 10. – 11. 11. 1956), der sich gegen einen Abbruch der politischen und wirtschaftlichen Reformen nach der Absetzung Imre Nagys richtete, ließ er allerdings gewaltsam niederschlagen.

Rivalität zwischen der UdSSR und der Volksrepublik China

Diese Krise im Blocksystem wurde durch ideologische Differenzen mit China verstärkt. Die KPChina (KPCh) unter Mao Tse-tung (*1893, †1976) verwarf Chruschtschows Entstalinisierungskonzept und den Koexistenz-Ansatz und verteidigte Stalins „Zwei-Welten-Theorie“ (↑ S. 163). Die KPdSU und die KPCh konkurrierten zudem um die machtpolitische Führung im Ostblock.

Absetzung Chruschtschows (1964) und Ende der Entstalinisierung

Wegen des Konflikts mit China, Mängeln der Planwirtschaft und einer die Stellung der Partei schwächenden Verwaltungsreform (Dezentralisierung der Wirtschaftsstruktur) verlor Chruschtschow die Unterstützung der Stalinisten im Zentralkomitee (ZK). Er wurde abgesetzt (14. 10. 1964) und **Leonid Breschnew** (*1906, †1982) zu seinem Nachfolger gewählt (ab 1966 unter dem Titel „Generalsekretär“). Er amtierte bis zu seinem Tod 1982. Breschnew beendete die Entstalinisierung. Dies bedeutete in den Ländern des Ostblocks **verstärkte innenpolitische Repressionen.** In der UdSSR führte dies zu:

- Inhaftierung, Verbannung, Ausweisung von Dissidenten,
- staatlicher Lenkung der Wirtschaft durch eine schwerfällige Zentralverwaltung,
- hohe Rüstungsinvestitionen,
- Rückständigkeit in der Konsumgüterindustrie.

Einmarsch in die ČSSR (1968)

In der ČSSR hatte mit der Wahl von Alexander Dubcek (*1921, †1992) zum KP-Chef eine Reformphase eingesetzt: Ein **„Sozialismus mit menschlichem Antlitz“** sollte entstehen. Breschnew zerstörte den sog. Prager Frühling, indem er den Einmarsch von Truppen der Warschauer-Pakt-Staaten UdSSR, Polen, DDR, Ungarn und Bulgarien anordnete (20./21. 8. 1968).

Dieses Vorgehen begründete er in der **Breschnew-Doktrin.** Es hatte folgende Konsequenzen:

- Die ČSSR ordnete sich außenpolitisch der sowjetischen Politik unter, die Reformer wurden unterdrückt;
- den Kommunismus reformierende Entwicklungen im Ostblock waren damit unterbunden;
- die **Vormachtstellung der UdSSR** war gesichert.

Breschnew-Doktrin (12. 11. 1968)

Die UdSSR beansprucht die Vorherrschaft im Warschauer Pakt. Die Souveränität eines kommunistischen Staates findet ihre Grenzen an den Interessen der sozialistischen Gemeinschaft. Ist diese bedroht, hat die UdSSR das Recht, militärisch zu intervenieren.

14.3 Die USA und der Westen (1953–1993)

Verhältnis zum Ostblock unter Eisenhower und Kennedy (1953–1963)

Zurückdrängen des Kommunismus „auf lange Sicht“

In der ersten Hälfte der 50er-Jahre steigerte sich in den USA die Feindschaft gegen den Kommunismus zu einer geradezu hysterischen **Verfolgung echter und vermeintlicher Kommunisten.**

Höhepunkt war der Untersuchungsausschuss des Senats zur Aufdeckung prokommunistischer Umtriebe (22. 4. – 17. 6. 1954) unter Joseph R. McCarthy (*1908, †1957).

Unter dem republikanischen Präsidenten Dwight D. **Eisenhower** (1953 – 1961, *1890, †1969) wurde die Politik der Eindämmung (containment, ↑ S. 145) von einer Politik des Zurückdrängens (**roll back**) des Kommunismus abgelöst.

Die Drohung mit „massiver Vergeltung" (↑ S. 173) sollte die UdSSR von einem Atomwaffenangriff abhalten. Gleichzeitig fand Chruschtschows Vorstellung von der friedlichen Koexistenz (↑ S. 163) ihren Niederschlag in gegenseitigen Besuchen und Gesprächen.

Von der Konfrontation zur Entspannung

Der neue demokratische Präsident John F. **Kennedy** (1961–1963, *1917, †1963) erhöhte die Haushaltsmittel für Entwicklungshilfe, Raketen-, Raumfahrt- und Rüstungsprogramme. Außenpolitisch wollte er die Position des westlichen Blocks stärken durch:

- Verstärkung der militärischen Schlagkraft: Kombination nuklearer und beweglicher konventioneller Waffen,
- Erweiterung der Mitbestimmung der US-Bündnispartner: Angebot einer atlantischen Partnerschaft mit einem Vereinigten Europa,
- umfassende Entwicklungshilfe mit Vorrang vor der militärischen Hilfe,
- verstärktes Engagement in Vietnam (↑ S. 171 f.).

In seine Präsidentschaft fielen der Bau der Berliner Mauer (↑ S. 158) und die Kubakrise (↑ S. 170 f.), in der es beinahe zu einer direkten militärischen Konfrontation zwischen den USA und der UdSSR gekommen wäre. Ihre Beilegung leitete die Entspannungspolitik ein. Trotzdem wurde das Wettrüsten (↑ S. 173) intensiviert.

Verhältnis zum Ostblock von Johnson bis Bush sen. (1963–1993)

Verminderung der Konfrontation

Nach dem **Attentat auf Kennedy** (22.11.1963) setzte der demokratische Präsident Lyndon B. **Johnson** (1963–1969, *1908, †1973) dessen außenpolitischen Kurs fort. Johnsons republikanischer Nachfolger **Nixon** (1969–1974, *1913, †1994) reduzierte die Konfrontation mit der UdSSR:

- Abrüstungsverhandlungen (SALT I-Abkommen ↑ S. 174),
- Ende des Vietnamkriegs (↑ S. 171 f.),
- **Nixon-Doktrin** (25.2.1971): Die USA unterstützen ihre Verbündeten gegen den Kommunismus, fordern jedoch, dass sich diese stärker an den Kosten beteiligen.

Nebeneinander von Abrüstung und Konfrontation

Der republikanische Präsident Gerald R. **Ford** (1974–1977, *1913) und Breschnew (↑ S. 164) unterzeichneten einen Vertrag über die Einschränkung unterirdischer Kernexplosionen (28.5.1976). Der demokratische Präsident Jimmy **Carter** (1977–1981, *1924) setzte die Abrüstungsverhandlungen (SALT II, ↑ S. 174) zunächst fort, 1979/80 kam es jedoch zu einer Unterbrechung des Entspannungsprozesses wegen des Einmarsches der UdSSR in Afghanistan und der Stationierung sowjetischer Mittelstreckenraketen:

ab Aug. 1979	**Stationierung sowjetischer Mittelstreckenraketen;** richten sich gegen Westeuropa
12.12.1979	**NATO-Doppelbeschluss:** Aufstellung atomarer Mittelstreckenwaffen in Westeuropa bei gleichzeitiger Verhandlungsbereitschaft
Ende Dez. 1979	**Einmarsch der UdSSR in Afghanistan** zur Unterstützung des dortigen kommunistischen Regimes

Der Republikaner Ronald W. **Reagan** (1981–1989, *1911, †2004) verfolgte nach der Verschärfung der Konfrontation 1979/80 eine Politik der Stärke gegenüber der UdSSR. Er forcierte die Aufrüstung, führte aber die Abrüstungsgespräche fort. In die Amtsperiode seines republikanischen Nachfolgers George H. W. **Bush** sen. (1989–1993, *1924) fiel der Zusammenbruch des kommunistischen Systems (↑ S. 175 f.).

14.4 Ost-West-Konfrontation außerhalb Europas

Während die Fronten des Ost-West-Konflikts in Europa unverrückbar waren, suchten die Supermächte außerhalb Europas ihre jeweilige Einflusssphäre auszudehnen.

Interessenkollision in Korea (1948–1953)

Im Zweiten Weltkrieg (↑ S. 139 ff.) hatten amerikanische und sowjetische Truppen das seit 1910 von Japan okkupierte Korea besetzt. Die Trennungslinie zwischen den beiden Gebieten war der 38. Breitengrad. Da Verhandlungen der Besatzungsmächte über eine Gesamtregierung scheiterten, wurden 1948 **zwei Teilstaaten** gebildet:

- die sowjetisch orientierte **Demokratische Volksrepublik Korea** (Nordkorea) und
- die proamerikanische **Republik Korea** (Südkorea).

Beide Teilstaaten wollten die Wiedervereinigung, aber lehnten das jeweils andere System ab. Es kam zu Spannungen, die schließlich zum Krieg führten.

25. 6. 1950	Angriff der nordkoreanischen Armee auf Südkorea
27. 6. 1950	Präsident Truman ordnet die Unterstützung Südkoreas durch amerikanische See- und Luftstreitkräfte an.
7. 7. 1950	Truman erreicht in Abwesenheit der sowjetischen Vertreter im UN-Sicherheitsrat eine Resolution : Bildung einer UN-Truppe unter US-Kommando für den Einsatz in Korea.
Juli 1950 – Juli 1953	Südkorea und UN-Truppen kämpfen gegen Nordkorea und China (materielle Unterstützung, freiwillige Kämpfer)
27. 7. 53	Waffenstillstand zwischen Nordkorea und der UN

Die **Ergebnisse** des Kriegs waren:

- Bestätigung der Teilung Koreas,
- Aufkommen eines aggressiven Antikommunismus im Westen, Steigerung der Aufrüstung,
- Abkehr der weltpolitisch isolierten UdSSR von der grundsätzlichen Konfrontation mit dem Westen.

Interessenkollision auf Kuba (1959–1962)

Errichtung der „sozialistischen Republik“ Kuba

Auf Kuba stürzte eine **Guerillabewegung unter Fidel Castro Ruz** (*1926) eine von den USA gestützte Diktatur (1. 1. 1959). Castro übernahm das Amt des Ministerpräsidenten (13. 2. 1959) und begann, soziale Reformen durchzuführen und die Wirtschaft zu verstaatlichen. Besonders Letzteres führte zu wachsenden Spannungen mit den USA.

Kubakrise (1962)

1962 kam es wegen Kuba zu einer Krise zwischen den USA und der UdSSR, die die Welt an den Rand eines Atomkriegs brachte.

1960	Die USA verhängen eine Wirtschaftsblockade gegen Kuba. Das exportabhängige Kuba lehnt sich enger an die UdSSR an (in den 60er-Jahren ca. 50 % des Exports in die UdSSR und des Imports aus der UdSSR).
14.–20.4. 1961	Eine von den USA unterstützte Invasion von Exilkubanern in der Schweinebucht zum Sturz Castros scheitert.
2.12.1961	Kuba wird „sozialistische Republik“ , die ganz auf Castro zugeschnitten ist.

Okt. 1962	Die USA entdecken, dass die UdSSR auf Kuba **Mittelstreckenraketen** stationiert.
22./24.10. 1962	Kennedy verlangt ultimativ die Rücknahme der Stationierung und verhängt eine Seeblockade.
28.10.1962	Chruschtschow bricht die Stationierung ab.
21.11.1962	Die USA heben die Seeblockade auf und entfernen im Gegenzug US-Raketen aus der Türkei.

Letztlich scheuten beide Supermächte das Risiko eines Kriegs. Sie installierten eine ständige Fernsprechverbindung, den „heißen Draht“, zwischen Washington und Moskau, um in künftigen Krisen ungewollte Eskalationen zu vermeiden (↑ S. 167).

Interessenkollision in Vietnam (1954–1975)

Vietnam war seit 1954 entlang dem 17. Breitengrad in einen kommunistischen Norden und einen westlich ausgerichteten Süden geteilt. Ab 1964 versuchte eine Guerillaarmee (**Vietcong**), die südvietnamesische halbdiktatorische Regierung zu stürzen. Der Vietcong wurde von der UdSSR, China und Nordvietnam unterstützt.

Vietnamkrieg (1964–1975)

Seit 1955 unterstützten die USA Südvietnam wirtschaftlich und militärisch, seit 1964/65 militärisch mit Bodentruppen und systematischen Bombardements Nordvietnams. Ihr Motiv war die **Dominotheorie** der Regierung Johnson (↑ S. 168), d. h. die Vorstellung, dass der Fall eines Staates an den Kommunismus den Fall seiner Nachbarländer bewirken werde.

März 1965	Die ersten 3500 US-Marines landen in Südvietnam. Bis 1968 werden über 500 000 amerikanische Soldaten dort stationiert. Trotzdem gelingt es den USA nicht, die Oberhand im Dschungel- und Guerillakrieg gegen den Vietcong zu erlangen.
Mai 1968	Die USA beginnen Waffenstillstandsverhandlungen.
Juli 1969	Die USA beginnen mit dem Truppenabzug (bis 1973).
27.1.1973	Pariser Friedensverträge: Die USA beenden offiziell ihre Einmischung in den Vietnamkonflikt.
Anfang 1975	Südvietnam wird von Nordvietnam erobert und das Land unter kommunistischer Führung als „Sozialistische Republik Vietnam" wiedervereinigt (2.7.1976).

Der Vietnamkrieg bedeutete eine militärische und moralische Niederlage für die USA (Massenproteste im eigenen Land und im westlichen Lager in der zweiten Hälfte der 60er-Jahre). In der Folge lösten Entspannungsbemühungen die eine Konfrontation nahe legende Dominotheorie ab.

14.5 Abschreckung und Abrüstung

Das atomare Patt (↑ S. 173) erzwang ein paradoxes Nebeneinander von Aufrüstung, Abschreckung und Abrüstung.

Unterschiedliche strategische Konzepte

Die Strategie der Abrüstung wurde in den 1950er-Jahren vom westlichen Lager als militärische Doktrin und politisches Prinzip entwickelt. Ihr Ziel war die Aufrechterhaltung eines **„Gleichgewichts des Schreckens“.**

Es gab zwei Varianten:

- **„massive Vergeltung“** (NATO-Strategie seit 1952): Jeder sowjetische Angriff, auch ein konventioneller, sollte mit atomaren Waffen zurückgeschlagen werden (↑ S. 167);
- **„flexible Antwort“** (1967–1990 offizielle Doktrin der NATO): Anstelle eines automatischen nuklearen Gegenschlags sollte eine abgestufte Reaktion, je nach militärischer Aktion des Gegners, erfolgen.

Strategie der Abschreckung

Voraussetzung	militärisches Gleichgewicht, **atomares Patt:** beide Seiten besitzen Massenvernichtungswaffen (Zündung der ersten sowjetischen Atombombe August 1949).
Analyse	Der Einsatz von Massenvernichtungswaffen steigert das Risiko, selbst durch einen Gegenschlag vernichtend getroffen zu werden. Auch der Einsatz konventioneller Waffen ist deshalb nicht mehr kalkulierbar.
Folgerung	Massenvernichtungswaffen stabilisieren den Frieden, weil sie einen Krieg zu verlustreich machen.
Auswirkung	Das westliche Lager reagierte auf jede Aufrüstung des Ostblocks mit einer eigenen. So wurde eine Rüstungsspirale in Gang gesetzt.

Verhandlungen zur Rüstungsbegrenzung

1.7.1968	Unterzeichnung des **Atomwaffensperrvertrags** zwischen den USA, der UdSSR und Großbritannien (5.3.1970 in Kraft getreten) ▶ Verbot der Weitergabe von Kernwaffen an Nicht-Atommächte
17.11.1969	Beginn der **SALT I-Verhandlungen** (SALT, Abk. für **S**trategic **A**rms **L**imitation **T**alks) zwischen der USA und der UdSSR (↑S.168) ▶ wichtigstes Ergebnis: Abschluss des ABM-Vertrags (26.5.1972) zur Begrenzung von Raketenabwehrsystemen (Anti Ballistic Missiles, ABM)
3.7.1973 –1.8.1975	Erste „Konferenz für Sicherheit und Zusammenarbeit in Europa“ (KSZE, seit 1994 „Organisation für Sicherheit und Zusammenarbeit in Europa“, OSZE) ▶ 33 europäische Staaten, die USA und Kanada unterzeichnen die **Schlussakte von Helsinki** (1.8.1975, ↑S.164), die die Unverletzlichkeit der Grenzen, Abrüstung, Achtung der Menschenrechte und des Völkerrechts sowie Gewaltverzicht festlegt.
18.6.1979	**SALT-II-Abkommen** zwischen den USA und der UdSSR (↑S.168) ▶ Es legt eine Höchstgrenze für Nuklearwaffen fest. Zwar wird es vom US-Senat nicht ratifiziert, aber die beiden Länder halten sich stillschweigend daran.
8.12.1987	Reagan (↑S.169) und Gorbatschow unterzeichnen das **INF-Abkommen** (INF, Abk. für **I**ntermediate-range **N**uclear **F**orces) ▶ globale Beseitigung der landgestützten Mittelstreckenraketen

14.6 Zusammenbruch des Ostblocks und Ende des Ost-West-Konflikts (1985–1991)

Reformen in der UdSSR

Michail S. **Gorbatschow** (↑ S. 157), seit 1985 Generalsekretär der KPdSU, führte umfassende Reformen (**Perestroika** und **Glasnost**) durch, hielt aber am Führungsanspruch der KPdSU fest.

Perestroika und Glasnost

Um den Niedergang der UdSSR aufzuhalten, leitete Gorbatschow 1987 mit der „Perestroika" (russ.: Umbau) den Übergang zur Marktwirtschaft ein. Mit der Politik der „Glasnost" (russ.: Offenheit, Öffentlichkeit) sollte mithilfe der Medien der Willensbildungsprozess in Partei und Staat durchsichtiger werden.

Proteste und Putschbestrebungen

Doch die Proteste der Bevölkerung gegen die Alleinherrschaft der KPdSU hielten an. Am 23. 10. 1990 schlossen sich oppositionelle Parteien zum „Demokratischen Russland" zusammen. Gorbatschows Reformen und ihre Auswirkungen riefen in der KPdSU und im Militär **Putschbestrebungen** hervor:

1991	Putschversuch gegen Gorbatschow (seit 1990 auch Präsident der UdSSR).
21. 8. 1991	Der am 12. 6. 1991 in einer ersten freien Wahl zum Präsidenten der russischen Republik gewählte Boris Jelzin (*1931, †2007) kann den Putsch abbrechen: Gorbatschow ist damit faktisch von Jelzin entmachtet.
6. 11. 1991	Jelzin verbietet die KPdSU.

Zusammenbruch des Ostblocks und der UdSSR

Gorbatschows Reformen gewannen in den abhängigen Ostblockstaaten eine Eigendynamik und führten zum weitgehend **friedlichen Zusammenbruch des kommunistischen Systems** und schließlich auch zur Auflösung der UdSSR. Dazu trug entscheidend bei, dass er 1989 die Breschnew-Doktrin aufhob (↑ S. 166).

1989–1991	Litauen, Estland, Lettland, Polen, die Tschechoslowakei und Ungarn demokratisieren sich
bis Dez. 1990	Die einzelnen Republiken der UdSSR erklären sich für souverän.
28. 6. 1991	Auflösung des RGW (↑ S. 162)
1. 7. 1991	Auflösung des Warschauer Pakts (↑ S. 163)
21. 12. 1991	Russland und 10 frühere Sowjetrepubliken bilden die **Gemeinschaft unabhängiger Staaten (GUS).**
25. 12. 1991	Ende der Sowjetunion: Gorbatschow tritt zurück.

Entwicklungen seit Ende des 20. Jh.

Mit Bürgerkriegen war die Neugründung von Staaten im früheren Jugoslawien verbunden. Die Anschläge auf New York und Washington am 11. 9. 2001 bildeten den bisherigen Höhepunkt eines islamistischen Terrorismus, gegen den die Weltgemeinschaft vorzugehen sucht. Der Krieg der USA und weiterer Staaten gegen den Irak (20. 3.–1. 5. 2003) spaltete die UNO und das westliche Bündnis (Abzug letzter US-Truppen 2012).

14.7 Entkolonialisierung

Der größte Teil der Kolonien erlangte nach dem Ende des Zweiten Weltkriegs seine Unabhängigkeit.

Süd-amerika	▶ Die meisten Länder werden bereits im 19. Jh. selbstständig, bleiben jedoch ökonomisch und politisch von Spanien/Portugal bzw. USA abhängig.
Karibik	▶ Ende der kolonialen Hegemonie Großbritanniens und Frankreichs nach dem Zweiten Weltkrieg
Asien	▶ Unabhängigkeit von Großbritannien, Frankreich und den Niederlanden nach z. T. blutigen Befreiungskriegen in den 1950er- bis 70er-Jahren
Afrika	▶ seit 1960 größter Teil Schwarzafrikas unabhängig von Großbritannien, Frankreich und Belgien, seit 1974 Ende des portugiesischen Kolonialbesitzes; im arabisch-islamischen Nordafrika Unabhängigkeit teils im Zweiten Weltkrieg (Libyen von Italien) erlangt, teils nach Befreiungskriegen

Auflösung des französischen Kolonialreichs

In den 1950er- und 60er-Jahren erkämpften die französischen Kolonien ihre Unabhängigkeit.

Beispiel: Algerien

ab 1945	nationalistische Unruhen
20. 9. 1947	**Algerienstatut:** französische Staatsbürgerschaft für Algerier
1954 –1962	**Algerienkrieg:** Die Nationale Befreiungsfront (FNL) operiert mit Guerillataktik, die französische Regierung antwortet mit Terror.
18. 3. 1962	**Abkommen von Evian:** Waffenstillstand, Errichtung eines unabhängigen Staats mit Garantien für Algerienfranzosen, Zusammenarbeit zwischen Frankreich und Algerien
3. 7. 1962	**Unabhängigkeit**

Errichtung der Communauté Française

Nach dem Zweiten Weltkrieg war in Frankreich die IV. Republik ausgerufen und zugleich die **Union Française** errichtet worden. Sie war ein Verband aus dem Mutterland, den überseeischen Gebieten und Départements und den assoziierten Staaten. 1958 wurde die **Communauté Française** errichtet.

Communauté Française (gegr. 4.10.1958; aufgelöst 4.8.1995)

Die „Französische Gemeinschaft“ stellt eine staatsrechtliche Verbindung der Französischen Republik mit den autonom gewordenen Kolonialgebieten in Afrika dar. Nach Entlassung der Gebiete in die Unabhängigkeit (1960) bildete Frankreich 1960 mit einigen ehemaligen Kolonien eine zweite Communauté.

Entkolonialisierung des britischen Empire

Nach dem Ersten Weltkrieg entstanden in den abhängigen Gebieten, v.a. in Indien, Unabhängigkeitsbewegungen. Das Mutterland gestand ihnen eine größere Eigenständigkeit zu. Nach 1945 schritt die Auflösung des Empire voran.

Beispiel: Indien und Pakistan

seit Ende des 19. Jh.	Unabhängigkeitsbestrebungen
1918–1947	**Verfassungsreformen** (größere Autonomie für Provinzen)
15.8.1947	Teilung Indiens in Indische Union und Pakistan (überwiegend islamische Bevölkerung), das überwiegend islamische Bengalen kommt zu Pakistan und wird 1971 als Bangladesch unabhängig.
26.11.1949	Republik Indien
23.3.1956	Islamische Republik Pakistan

Vom Empire zum Commonwealth

1926 wurden die Dominions (↑ S. 85) zu autonomen Gemeinschaften innerhalb des britischen Empire erklärt. Sie wurden im **British Commonwealth of Nations** (seit 1931) unter der britischen Krone vereinigt. Seit 1948 können auch unabhängige Staaten Vollmitglied des Commonwealth werden. Das Commonwealth wandelte sich von einem nach Nationen gegliederten Staatenreich zu einem internationalen Staatenverband.

British Commonwealth of Nations (seit 1931)

Das Commonwealth ist ein aus dem früheren British Empire hervorgegangene Staatengemeinschaft; Mitglieder sind unabhängige, gleichberechtigte Staaten, in denen der britische Monarch entweder Staatsoberhaupt ist (Generalgouverneur), z. B. in Kanada, Neuseeland, Australien, oder symbolisch als Haupt des Commonwealth anerkannt wird, z. B. in Indien, Bangladesh, Namibia.

Bewegung der blockfreien Staaten (1952–1989)

Sie war ein Zusammenschluss nicht paktgebundener Länder der dritten Welt, der PLO (↑ S. 182) und Jugoslawiens.

12. 12. 1952	Konferenz von 12 afrikanischen und asiatischen Staaten in Kairo: Festlegung auf eine neutrale Haltung im Ost-West-Konflikt, keine Parteinahme im Hegemoniestreit der Supermächte (↑ S. 161)
18.–24. 4. 1955	Konferenz von 23 asiatischen und 6 afrikanischen Staaten in **Bandung** (Indonesien): Ablehnung des Kolonialismus, der Einmischung in die Angelegenheiten eines Staates; Bekräftigung der in Kairo beschlossenen Neutralität.

4.–8. 9. 1989	9. Gipfelkonferenz in Belgrad: Die bündnisfreien Staaten fordern, nach Ende des Ost-West-Konflikts müsse das Gefälle zwischen reichen und armen Ländern weltpolitische Priorität für den **Nord-Süd-Konflikt** haben.

14.8 Nahostkonflikt (seit 1948)

Der Nahostkonflikt war zeitweise in den Ost-West-Konflikt eingebunden (die USA unterstützten Israel, die UdSSR die arabischen Staaten), hat jedoch einen eigenen Charakter.

Entstehung des Staates Israel

Nach der Eroberung der römischen Provinz Iudaea durch die muslimischen Araber (7. Jh.) bildeten die **Palästinenser** eine muslimisch-arabische Identität aus. Seit 1880 wanderten Juden nach Palästina ein, nachdem der wieder aufflammende religiöse und rassistische Antisemitismus in Osteuropa zu Pogromen geführt hatte. Das verstärkte die **zionistische Bewegung**. Sie strebte die Rückkehr aus der Diaspora („Zerstreuung“) in die biblische Heimat Palästina an. Während des Nationalsozialismus und des Zweiten Weltkriegs wurde Palästina auch zur Zuflucht für eine kleine Zahl europäischer Juden (↑ S. 136 f.).

Ab 1920 verwalteten die Briten Palästina im Auftrag des Völkerbunds (bis 1918 Provinz des Osmanischen Reichs). Die UN-Resolution 181 (29. 11. 1947) sah eine **Teilung des Gebiets** zwischen Juden und Arabern vor. Am 14. 5. 1948 wurde der **Staat Israel** gegründet, der am 15. 5. seitens UN, USA und UdSSR anerkannt wurde. Die arabischen Staaten lehnten die UN-Resolution ab und erkannten Israel nicht an.

Kriege zwischen Israel und seinen arabischen Nachbarstaaten

1948/49	**Palästinakrieg:** Israel kämpft um Unabhängigkeit.
1956	**Sinaifeldzug:** Israel besetzt die Sinaihalbinsel und den Gazastreifen.
1967	**Sechstagekrieg:** Israel kommt einem arabischen Angriff zuvor.
1973	**Jom-Kippur-Krieg:** Arabische Staaten greifen Israel an.
1982	**Libanonfeldzug:** Einmarsch Israels in Libanon, von wo aus Palästinenser Israel angreifen.
2006	**Libanonkrieg:** Israel führt Krieg gegen die Hizbollah, kann aber deren Entwaffnung nicht durchsetzen.

Friedensbemühungen

1978	Israel und Ägypten schließen ein **Friedensabkommen** in **Camp David;** 1979 Friedensvertrag, 1982 zieht sich Israel aus dem 1967 besetzten Sinai zurück.
1994	**Israel und Jordanien** schließen einen **Friedensvertrag.**
2000	Israel gibt den 1982 besetzten Streifen im südlichen Libanon zurück.

Der Konflikt zwischen Israel und den Palästinensern

Während des Palästinakriegs flohen mehr als 600 000 Palästinenser in andere arabische Staaten, während des Sechstagekriegs mehr als 300 000. Der **Gazastreifen** und das **Westjordanland** gerieten unter israelische Besatzung.

Gegenstand des Konflikts

Die militärisch-gewaltsame, politische, ökonomische und religiöse Auseinandersetzung bezieht sich auf:

Kern	Existenzrecht Israels bzw. das Heimatrecht der Palästina-Araber
einzelne Streitpunkte	■ Bildung eines palästinensischen Staats im Westjordanland und im Gazastreifen (seit 1993 im Aufbau); ■ Umgang mit den seit 1967 in den besetzten Gebieten errichteten jüdischen Siedlungen; ■ zukünftiger Status von Jerusalem, das beide Seiten als Hauptstadt beanspruchen (Ostjerusalem wurde 1967 von Israel annektiert); ■ Rückkehrrecht für palästinensische Flüchtlinge in israelisches Gebiet.

Militanter Widerstand der Palästinenser

Gegen Israel bzw. für einen eigenen Staat kämpfen verschiedene palästinensische Organisationen:

- **Palästinensische Befreiungsorganisation** (PLO), 1964 gegründet, von 1969 bis zu seinem Tod 2004 geführt von Jasir Arafat (*1929), Nachfolger: Mahmud Abbas (*1935), verübte Anschläge gegen Israel, erkannte 1988 das Existenzrecht Israels an und führt Verhandlungen;
- **Hamas** („Eifer“): radikalislamisch, seit 1987 Selbstmordattentate, Ziel: islamischer Staat in Palästina (und ganz Arabien), nur taktische Verhandlungsbereitschaft;
- **Islamischer Dschihad:** seit Anfang der 80er-Jahre im Gazastreifen, Selbstmordattentate, keine Verhandlungsbereitschaft.

Die Aktionen dieser Gruppen wurden 1987–1993 und 2000 bis 2005 von Aufständen der Palästinenser gegen die israelische Besatzungsmacht begleitet: **1.** und **2. Intifada** („Abschüttelung“).

Friedensbemühungen

Parallel zur militanten Auseinandersetzung gab und gibt es bislang erfolglose Bemühungen um eine friedliche Einigung.

1993	Die PLO erklärt in Verhandlungen mit Israel einen Gewaltverzicht, Israel sichert die Errichtung eines autonomen palästinensischen Staates zu **(Oslo-Abkommen);** nach der Ermordung des israelischen Ministerpräsidenten Jitzhak Rabin (*1922, †1995) und der Wahl Benjamin Netanjahus (*1949) zu seinem Nachfolger (29.5.1996) gerät der Friedensprozess ins Stocken.
2000	Erneute Verhandlungen zwischen Israel und der PLO unter US-Schirmherrschaft scheitern.
2005	Räumung der jüdischen Siedlungen im Gazastreifen gegen den militanten Widerstand einer Minderheit der Siedler
2007	Die internationale Nahostkonferenz von Annapolis bleibt erfolglos. Seitdem Stagnation im Friedensprozess

14.9 Europäische Integration

Nach dem Zweiten Weltkrieg setzte sich in Europa die Einsicht durch, dass die Einigung Europas wegen ihrer friedenssichernden Wirkung und ökonomischen Vorteile unumgänglich sei.

Von der Montanunion zur EU (1949–1993)

Der Beginn der Integration lag im Wirtschaftssektor. Motoren waren v. a. Frankreich und Deutschland. Voraussetzung war die westdeutsch-französische Verständigung, v. a. über das Saarland und das Ruhrgebiet. Letzteres wurde ab 1949 von einer internationalen Behörde kontrolliert (28. 4. 1949 **Ruhrstatut**). 1956/57 wurden die ab 1946 von Frankreich verwalteten saarländischen Kohle- und Eisenerzgruben der BRD eingegliedert.

9.5.1950	**Schuman-Plan:** Der französische Außenminister Robert Schuman (*1886, †1963) schlägt einen gemeinsamen Markt für Kohle und Stahl vor.
18.4.1951	Gründung der **Europäischen Gemeinschaft für Kohle und Stahl** (EGKS, **Montanunion**, Sitz in Luxemburg) durch Frankreich, BRD, die Niederlande, Belgien, Luxemburg und Italien: Sicherheitsgewinn für Frankreich (Kontrolle der deutschen Schwerindustrie), Souveränitätsgewinn für die BRD (Aufhebung des Ruhrstatuts und der Kontrolle der Schwerindustrie durch die Alliierten)
25.3.1957	Die **Römischen Verträge** begründen die **Europäische Wirtschaftsgemeinschaft** (EWG, 1.1.1958 in Kraft getreten) und die **Europäischen Atomgemeinschaft** (EURATOM) in Rom
1.7.1967	Fusion von EGKS, EWG und EURATOM: Einsetzung einer Kommission und eines Rates
1.7.1968	Einführung der **Zollunion**
14.6.1985	**Schengener Abkommen** zwischen Deutschland, Frankreich und den Benelux-Staaten: Erleichterung von Personenkontrollen und mittelfristig der Wegfall derselben (geregelt im zweiten Schengener Abkommen, in Kraft seit 16. 3. 1995). Den Abkommen sind mittlerweile weitere Staaten beigetreten.
1.1.1993	**EG-Binnenmarkt:** freier Personen-, Waren-, Dienstleistungs- und Kapitalverkehr
1.11.1993	**Vertrag von Maastricht** tritt in Kraft, Gründung der **Europäischen Union (EU)**
1.12.2009	**Vertrag von Lissabon** zur Verbesserung der Funktionsfähigkeit und zur Demokratisierung der EU tritt in Kraft.

Europäische Union

Organisationsstruktur der EU (Stand Anfang 2012)

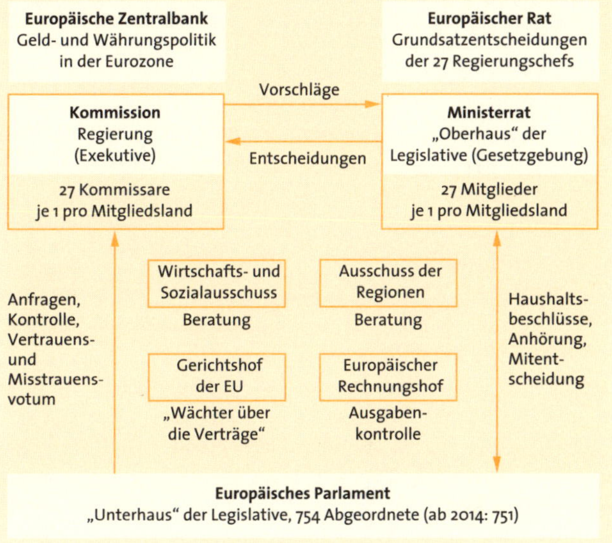

Die EU hat verschiedene **Institutionen unterschiedlichen Charakters:**

- **supranational:** Europäische Kommission, Sitz in Brüssel; Europäisches Parlament (19.–21. 3. 1958 konstituierende Sitzung), Sitz in Straßburg
- **nationalstaatlich:** Europäischer Rat und Ministerrat.

Ein militärisches Bündnis ist bislang nicht vorhanden. Die 1952 von Frankreich, Italien, der BRD und den Beneluxstaaten beschlossene **Europäische Verteidigungsgemeinschaft** (EVG) scheiterte 1954 an der Ablehnung durch das französische Parlament.

Vertiefung der Integration und Erweiterungen

Ziel des Vertrags von Maastricht (↑ S. 184) war die Vollendung der wirtschaftlichen Union durch die Einführung einer gemeinsamen Währung.

- Der Euro löst seit 1. 1. 2002 die Währungen der teilnehmenden Länder ab. Großbritannien, Dänemark und Schweden gehören nicht der Währungsunion an.
- Von den im Rahmen der Osterweiterung 2004 und 2007 beigetretenen Staaten haben (Stand: Anfang 2012) Slowenien, Malta, Zypern, die Slowakische Republik und Estland den Euro als Währung übernommen.

Die Währungsunion, der Binnenmarkt und die Schengener Abkommen erwiesen sich als Integrationsmotoren. Darüber hinaus wird eine politische Union durch eine Gemeinsame Außen- und Sicherheitspolitik sowie eine engere Zusammenarbeit in Justiz und Innenpolitik angestrebt.

Dem Ziel der Vertiefung der politischen Union diente auch der Vertrag von Lissabon (↑ S. 184). Zu den wichtigen Neuerungen gehören:

- dem Europäischen Rat steht ein Präsident vor;
- es gibt einen Hohen Vertreter der Union für die Außen- und Sicherheitspolitik;
- die Politikbereiche, in denen mehrheitlich (und nicht einstimmig) entschieden wird, wurden erweitert;
- das Mitentscheidungsverfahren, nach dem das Parlament an der Gesetzgebung beteiligt ist, wurde zum Regelverfahren.

Erweiterung

1973 traten Großbritannien, Irland und Dänemark, 1981 Griechenland, 1986 Spanien und Portugal der EG bei. Mit dem Beitritt Österreichs, Schwedens und Finnlands 1995 erhöhte sich die Zahl der Mitglieder auf 15.

Im Rahmen der Osterweiterung zum 1.5.2004 traten Polen, die Tschechische Republik, Ungarn, Litauen, Slowakei, Estland, Lettland, Slowenien, Zypern und Malta der EU bei. Zum 1.1.2007 wurden Rumänien und Bulgarien in die EU aufgenommen, womit sich die Anzahl der Mitgliedsstaaten auf 27 beläuft. 2013 tritt Kroatien der EU bei.

Offizielle Beitrittskandidaten sind Island, Mazedonien, Montenegro und die Türkei.

Verschuldungskrise in der Eurozone

Die hohe Verschuldung in einigen Staaten der Eurozone (Griechenland, Irland, Portugal, Italien, Spanien, Belgien) hat die EU in die tiefste Krise seit ihrem Bestehen geführt. Mit Finanzhilfen, die an strikte Auflagen zur Umsetzung von Sparprogrammen gekoppelt sind, sowie einer Reform des Stabilitäts- und Wachstumspakts versucht die EU, der Verschuldungskrise Herr zu werden. Zugleich werden nach wie vor etliche Vorschläge (z. B. gemeinsame Staatsanleihen, „Eurobonds" genannt) kontrovers diskutiert.

Probleme der EU

- Verschuldungskrise
- Trotz des direkt gewählten Parlaments gilt die EU als technokratisch und als demokratisch nicht ausreichend legitimiert.
- Die Osterweiterung eröffnet der EU nicht nur neue Perspektiven, sondern lässt auch Zielkonflikte – Vergrößerung einerseits, intensivere Zusammenarbeit andererseits – innerhalb der Union deutlicher zutage treten.
- Eine Debatte über die Grenzen Europas löste v. a. die Aufnahme von offiziellen Beitrittsverhandlungen mit der Türkei aus. Neben dem bereits bezeichneten Zielkonflikt wurde vor allem die Frage diskutiert, ob es geografische und kulturelle Grenzen für die EU gibt und, falls ja, wo diese liegen.

15 Die Entwicklung der Menschenrechte

15.1 Etappen der Entwicklung

Wurzeln in der Antike

In der römischen Kaiserzeit (ca. 14–300 n. Chr.) wurde die Philosophie der **Stoa** zur herrschenden Geisteshaltung.

- Sie lehrt, dass die Menschen den göttlichen „Logos" in sich tragen, der die Welt erschaffen habe und sie lenke. Dieser göttliche Anteil, der den edelsten Bestandteil des menschlichen Geistes bilde, sei unsterblich. Er stelle ein Band zwischen den Menschen dar und mache sie zu Brüdern.
- Daraus resultierte die Haltung: Humanität im Umgang mit dem Anderen

Ausformung durch das Christentum in Spätantike und Mittelalter

Viele Aspekte des antiken Gedankengutes haben verändert in die Vorstellungswelt des Christentums Eingang gefunden:

- Die stoische Vorstellung, jeder Mensch habe Anteil am göttlichen „Logos", wird in der christlichen Lehre zur „Seele". Aufgrund seiner Gottesebenbildlichkeit und seiner Fähigkeit zu moralischem Werten und Handeln, kommen dem Individuum Rechte und Pflichten zu. Alle Menschen sind (vor Gott) gleich und sollen einander Gutes tun.
- Daraus resultierte die Haltung: Achtung vor dem Anderen

Systematisierung in und infolge der Aufklärung

Folgende Überzeugungen sind den unterschiedlichen Theorien, die in der Aufklärung (↑ S. 6–9) und ihr verwandten Geistesströmungen entwickelt wurden, gemeinsam:

- Jeder Mensch ist ein eigenverantwortliches Individuum, das sich von der Vernunft moralisch leiten lassen soll.
- Damit hat jedes Individuum aufgrund seiner Natur vorstaatliche Rechte, die vom Staat oder anderen vom Menschen geschaffenen Herrschaftsordnungen nicht angetastet werden dürfen.
- Diese Rechte sind im **Liberalismus** (↑ S. 44–46, 56) klassisch definiert worden: Recht auf Meinungs-, Glaubens-, Eigentums- und Gewerbefreiheit
- Zwecks Sicherheit und Wohlfahrt schließen sich die Menschen freiwillig zu einem Staat zusammen. Dabei übergibt das Staatsvolk in einem (fiktiven) Vertrag der Regierung bestimmte Kompetenzen, bleibt aber der **Souverän**.

Die historischen Auswirkungen waren: Verfassungen, Demokratie, Menschenrechte.

Die Menschenrechte im wechselseitigen Bezug

England		
1628	1679	1689
Petition of Rights	Habeas-Corpus-Akte	Bill of Right
USA 1776		Frankreich 1789
Virginia Bill of Rights	Unabhängigkeitserklärung	Erklärung der Menschen- und Bürgerrechte
UN 1948	BRD 1949	Europarat 1950
Allgemeine Erklärung der Menschenrechte	Art. 1 GG	Konvention zum Schutz der Menschenrechte und Grundfreiheiten

1 Der Prüfungsstoff

Französische Revolution
- Krise des Ancien Régime ↑ S. 23
- Errichtung der konstitutionellen Monarchie ↑ S. 24–27
- Erklärung der Menschen- und Bürgerrechte ↑ S. 26
- Koalitionskriege gegen das revolutionäre Frankreich ↑ S. 28 f.
- Terrorherrschaft der Jakobiner ↑ S. 30 f.
- fünfköpfiges Direktorium als oberste Regierungsbehörde ↑ S. 31
- Napoleons Kaisertum ↑ S. 31 f.

Aufklärung
- Gesellschafts- und Staatstheorien wichtiger Vertreter ↑ S. 6, 8
- Umsetzung in der Herrschaftspraxis ↑ S. 6 f.

Englischer Parlamentarismus
- Widerstand gegen den Absolutismus der Stuarts ↑ S. 11–13
- Verfassungsexperimente der Republik und Alleinherrschaft Cromwells ↑ S. 13 f.
- Verlauf und Bedeutung der „Glorious Revolution“ ↑ S. 15

Amerikanische Unabhängigkeitsbewegung ↑ S. 16–21

17./18. Jahrhundert

Folgen der Französischen Revolution in Deutschland
- Untergang des Heiligen Römischen Reichs ↑ S. 35 f.
- Preußische Reformen ↑ S. 37 f.
- Befreiungskriege ↑ S. 39

19. Jahrhundert

Imperialismus
- Imperialismustheorien ↑ S. 96 f.
- imperialistische Politik bis 1914 ↑ S. 84–87
- Imperialismus und Ausbruch des Ersten Weltkriegs ↑ S. 87 f.

Restauration, Vormärz, Revolution von 1848/49
- Beschlüsse des Wiener Kongresses und „Heilige Allianz“ ↑ S. 41–44
- Politisierung im Vormärz ↑ S. 44–46, 52 f.
- Revolution von 1848/49 und ihr Scheitern ↑ S. 47–51

Deutsches Reich
- Etappen der Entstehung ↑ S. 65–71
- Verfassung als Ausdruck der Reichsgründung „von oben“ ↑ S. 72 f.
- innere Entwicklung ↑ S. 73–76
- Bündnispolitik Bismarcks ↑ S. 76 f.
- Ära Wilhelms II. ↑ S. 81–83

Industrielle Revolution und soziale Frage
- Industrialisierung in England und Deutschland ↑ S. 56–59
- Arbeiterbewegung und soziale Frage ↑ S. 59–61
- Marxismus ↑ S. 62 f.

Was kann drankommen?[1]

20. Jahrhundert

Phasen und Konfliktfelder des Nahostkonflikts ↑ S. 180–183

Europäische Einigung
- Etappen und Organe ↑ S. 183–185
- Erweiterungen und Vertiefung ↑ S. 186 f.
- Verschuldungskrise ↑ S. 187

Menschenrechte ↑ S. 188 f.

Entkolonialisierung
- Unabhängigkeit französischer und britischer Kolonien ↑ S. 177–179
- Bewegung blockfreier Staaten ↑ S. 179 f.

Deutsche Geschichte nach 1945
- Teilung Deutschlands als Grundlage und Ausdruck der Nachkriegsordnung ↑ S. 143–149
- innere Entwicklung von BRD und DDR ↑ S. 149–156
- innerdeutsche Beziehungen ↑ S. 151 f., 158 f.
- Vereinigungsprozess beider deutscher Staaten ↑ S. 157

Ost-West-Konflikt
- Entstehung und Phasen ↑ S. 161–169, 173 f., 175 f.
- Konfrontationen außerhalb Europas ↑ S. 169–172

Totalitarismus
- italienischer Faschismus ↑ S. 120, 122 f.
- Diktatur Stalins ↑ S. 120, 123–125

Erster Weltkrieg
- Ursachen ↑ S. 87–89
- Verlauf ↑ S. 90–92
- Folgen ↑ S. 92 f.
- Oktoberrevolution ↑ S. 98–101

Weimarer Republik
- Novemberrevolution ↑ S. 94 f.
- Merkmale der unterschiedlichen Phasen, Weltwirtschaftskrise ↑ S. 103–113
- Präsidialkabinette ↑ S. 114–117
- Scheitern der Republik ↑ S. 117

Nationalsozialismus
- Etappen der Machtübernahme ↑ S. 117–119, 125 f.
- Antisemitismus und Rassismus in der nationalsozialistischen Ideologie ↑ S. 127–131, 135–137
- Aufrüstung und Wirtschaft ↑ S. 132 f.
- deutsche und internationale Außenpolitik, Zweiter Weltkrieg ↑ S. 133–135, 139–141

[1] In allen Bundesländern sind in der Sekundarstufe II das 19. und 20. Jh. verbindlicher Prüfungsstoff. In einigen werden – (meist) in der Jahrgangsstufe 11 – zusätzlich Themen aus Antike, Mittelalter und früher Neuzeit behandelt.

2 Die Klausur

2.1 Inhalt und Aufbau einer Klausur

Im Fach Geschichte bestehen die Klausuren und die schriftliche Abiturprüfung aus einer Quelleninterpretation, die eine Analyse, ein Sachurteil und eine Bewertung umfasst. Man unterscheidet im Allgemeinen

- **Primärquellen** aus dem zu behandelnden Zeitraum und
- **Sekundärquellen, Dokumente aus späterer Zeit** und **Dokumente der Gegenwart** über den behandelten Zeitraum.

Die **Aufgabenstellung**

- ist meist mehrgliedrig und
- verlangt mehrere Interpretationsschritte.

Die **Teilaufgaben**

- entsprechen meist **drei** unterschiedlichen **Anforderungsbereichen (AFB).** Manchmal können sie nicht eindeutig einem Anforderungsbereich zugeordnet werden. Im Allgemeinen soll die Quelle im AFB I sprachlich analysiert werden, im AFB II ist sie historisch einzuordnen und im AFB III schließlich zu beurteilen.
- haben einen **Schwerpunkt im AFB II,** in dem die Reorganisation und der Transfer geschichtlichen Wissens erbracht werden müssen. Ausschließlich im AFB I erbrachte Leistungen werden nicht als ausreichend gewertet. Gute und bessere Bewertungen erfordern Leistungen im AFB III.
- verlangen eine Lösung in Textform. Grammatische Richtigkeit, korrekte Verwendung der Fachsprache und stilistische Angemessenheit gehen in die Beurteilung ein. Sie können bis zu ¼ der Gesamtnote ausmachen.

Anforderungsbereiche (AFB)

Anforderungsbereich	Bedeutung	Vorgehensschritt
AFB I: Reproduktion	Wiedergabe von Fakten und Sachverhalten	Analyse
AFB II: Reorganisation und Transfer	Bearbeiten und Erklären von Gelerntem, seine Übertragung auf neue Sachverhalte	Sachurteil
AFB III: Reflexion und Problemlösung	Deutende und bewertende Reflexion von Erkenntnissen, Problemstellungen und Methoden	Bewertung

2.2 Die Operatoren

Entscheidend für die Aufgabenstellung in einer Klausur sind die sog. Operatoren, d.h. die **Arbeitsanweisungen.** Diesen entsprechen – wie oben ausgeführt – unterschiedliche Anforderungsbereiche. Achten Sie auf den genauen Wortlaut der Operatoren.

Anforderungsbereich I: Reproduktion

Operator	Bedeutung
Nennen Sie ... *Zählen Sie ... auf* *Bezeichnen Sie ...*	Informationen liefern, ohne sie zu kommentieren
Beschreiben Sie ... *Schildern Sie ...* *Skizzieren Sie ...* *Fassen Sie ... zusammen* *Zeigen Sie ... auf*	Sachverhalte, Probleme, Aussagen benennen bzw. wiedergeben

Anforderungsbereich II: Reorganisation und Transfer

Operator	Bedeutung
Analysieren Sie … *Untersuchen Sie …*	Quellen oder Sachverhalte nach Kriterien erschließen
Begründen Sie … *Weisen Sie … nach*	Aussagen, Urteile, Thesen, Wertungen mit Beispielen und Belegen argumentativ stützen
Charakterisieren Sie …	Das Kennzeichnende eines Sachverhalts beschreiben und erklären
Ordnen Sie … ein	Einen Sachverhalt in einen historischen Zusammenhang stellen
Erklären Sie …	Einen Sachverhalt oder Zusammenhänge darlegen und einer Theorie (einem Modell) zuordnen
Erläutern Sie …	Einen Sachverhalt oder Zusammenhang darlegen, einer Theorie (einem Modell) zuordnen und mit zusätzlichen Informationen/Beispielen verdeutlichen
Arbeiten Sie … heraus	Nicht explizit genannte Sachverhalte darlegen und erklären
Stellen Sie … gegenüber	Sachverhalte, Problem, Aussagen knapp wiedergeben und argumentierend gewichten
Widerlegen Sie …	Einen Sachverhalt darlegen und Argumente gegen eine These anführen

Anforderungsbereich III: Reflexion und Problemlösung

Operator	Bedeutung
Beurteilen Sie ...	Den Stellenwert von Sachverhalten in einem Zusammenhang bestimmen und ohne persönlichen Wertebezug zu einem begründeten Sachurteil gelangen
Bewerten Sie ... *Nehmen Sie ... Stellung*	Den Stellenwert von Sachverhalten auf der Basis von Pluralität und mit persönlichem Wertebezug in einem größeren Zusammenhang bestimmen
Entwickeln Sie ...	Analyseergebnisse synthetisieren und zu einer eigenen Deutung gelangen
Setzen Sie sich ... auseinander *Diskutieren Sie ...*	Zu einer Problemstellung oder These eine Argumentation entwickeln, die zu einer begründeten Bewertung führt
Überprüfen Sie ... *Prüfen Sie ...*	Die Richtigkeit von Aussagen (Hypothesen, Thesen, Urteilen) über Sachverhalte untersuchen
Vergleichen Sie ...	Auf der Basis von Kriterien Sachverhalte gegenüberstellen und Gemeinsamkeiten bzw. Unterschiede beurteilen
Interpretieren Sie...	Sinnzusammenhänge erschließen und dazu auf der Basis von Analyse, Sachurteil und Bewertung Stellung nehmen
Erörtern Sie...	Eine These oder Problemstellung mit Pro- und Kontraargumenten prüfen und dazu Stellung nehmen
Stellen Sie ... dar *Legen Sie ... dar*	Zustände oder Zusammenhänge beschreiben, erklären und beurteilen

3 Thematische Prüfungsaufgaben

Im folgenden Kapitel sind zu den verschiedenen Unterrichtsthemen Prüfungsaufgaben von unterschiedlichem Schwierigkeitsgrad (↑S. 192 f.) zusammengestellt. Sie dienen der gezielten Vorbereitung und insbesondere dem Umgang mit fachtypischen Klausurformulierungen, den Operatoren (↑S. 193 ff.).

Seitenverweise geben, sofern möglich, Hinweise zu den Lösungen, die hier nicht dargestellt werden. Vollständige Musterlösungen sind bei den Online-Klausuren zu finden.

3.1 Prüfungsaufgaben zur Aufklärung

Anforderungsbereich I

- Nennen Sie bedeutende Philosophen der Aufklärung und ihre Positionen zum Gesellschaftsvertrag. (↑S. 6, 8 f.)
- Skizzieren Sie das Menschenbild der Aufklärung, indem Sie es von dem des Mittelalters absetzen. (↑S. 7)
- Fassen Sie die Hauptelemente von Rousseaus Gesellschaftsvertrag zusammen. (↑S. 9)
- Schildern Sie die Wurzeln der Aufklärung im Humanismus und Rationalismus. (↑S. 8)
- Skizzieren Sie mithilfe der Quelle die Intention der Enzyklopädisten. (↑S. 8)

Anforderungsbereich II

- Begründen Sie die These, dass „Vernunft“ der zentrale Begriff der Aufklärung ist. (↑S. 6 f., 9)
- Charakterisieren Sie das Menschenbild der Aufklärung. (↑S. 7–9)
- Erläutern Sie im Hinblick auf die Regierungsweise und die Regierungsmaximen Friedrichs II. den Zusammenhang zwischen Absolutismus und Aufklärung. (↑S. 6–8)

- Ordnen Sie die Reformen Josephs II. in den geistesgeschichtlichen Hintergrund der Aufklärung ein. (↑S. 6f.)
- Untersuchen Sie den aufklärerischen Gehalt dieser Quelle.

Anforderungsbereich III
- Vergleichen Sie das Menschenbild des Mittelalters und der Aufklärung. (↑S. 7)
- Setzen Sie sich kritisch mit dem Fortschrittsoptimismus der Aufklärung auseinander. (↑S. 7f.)
- Beurteilen Sie die Affinität der Volonté générale Rousseaus zu Diktaturen, indem Sie sich auf die Französische Revolution beziehen. (↑S. 9, 30f.)
- Nehmen Sie zur Bewertung der Aufklärung in diesem Ausschnitt aus dem DDR-Geschichtsbuch Stellung.
- Überprüfen Sie die These, zwischen Aufklärung und Demokratie bestehe ein innerer Zusammenhang.

3.2 Prüfungsaufgaben zur Englischen Revolution

Anforderungsbereich I
- Zählen Sie die wichtigsten Bestimmungen der Petition of Right und der Habeas-Corpus-Akte auf. (↑S. 10f., 14)
- Nennen Sie die in der Revolution auf der politischen, wirtschaftlichen, konstitutionellen, nationalen und religiösen Ebene vertretenen Lager. (↑S. 10–15)
- Nennen Sie die Hauptelemente des Calvinismus. (↑S. 12–14)
- Zeigen Sie die Positionen der Tories und Whigs. (↑S. 15)
- Schildern Sie die im Bürgerkrieg erkennbaren religiösen Gruppierungen. (↑S. 12f.)

Anforderungsbereich II
- Ordnen Sie die in der Quelle vertretene Position in die innenpolitische Entwicklung unter Cromwell ein. (↑S. 13)

- Stellen Sie die Monarchie unter Jakob I. und Jakob II. gegenüber. (↑S. 11 f., 14 f.)
- Arbeiten Sie aus dem Quellenmaterial den Konflikt zwischen Puritanern und Independenten heraus. (↑S. 13)
- Erläutern Sie den Zusammenhang zwischen der wirtschaftlichen und politischen Entwicklung zur Zeit der Englischen Revolution. (↑S. 12–14)

Anforderungsbereich III

- Beurteilen Sie, ob die Herrschaft Cromwells eine Schwächung des englischen Parlamentarismus darstellt. (↑S. 13)
- Setzen Sie sich mit der Rolle der anglikanischen Hochkirche während der Revolution auseinander. (↑S. 11 f.)
- Nehmen Sie zur Wertung der Englischen Revolution als einer frühen Form der Industriellen Revolution Stellung. (↑S. 10–15, 55–57)
- Entwickeln Sie den Zusammenhang zwischen der Ablehnung des Absolutismus und dem Kampf für kirchliche Selbstbestimmung. (↑S. 11–15)
- Vergleichen Sie Protagonisten, Triebkräfte und Ergebnisse der Englischen und der Französischen Revolution. (↑S. 33)

3.3 Prüfungsaufgaben zur Amerikanischen Revolution

Anforderungsbereich I

- Nennen Sie Ursachen für das Unabhängigkeitsstreben der nordamerikanischen Kolonisten. (↑S. 17)
- Schildern Sie die Spannungen zwischen der englischen Krone und den Kolonisten. (↑S. 18)
- Beschreiben Sie den „frontier spirit“ der Kolonisten. (↑S. 17)
- Schildern Sie wichtige Stationen des Unabhängigkeitskriegs. (↑S. 19)

- Zeigen Sie Struktur und Prinzipien der amerikanischen Verfassung von 1787 auf. (↑S. 20f.)

Anforderungsbereich II

- Analysieren Sie die Beschreibung und Wertung der Vereinigten Staaten, die Alexis de Tocqueville hier vornimmt. (↑S. 20f.)
- Stellen Sie ökonomische und politische Motive der Kolonisten gegenüber. (↑S. 17–19)
- Stellen Sie die Haltung des englischen Parlaments derjenigen der Kolonisten gegenüber. (↑S. 17–19)
- Erklären Sie Anlass und Ursache des Ausbruchs des Unabhängigkeitskriegs. (↑S. 17–19)
- Arbeiten Sie auf Basis dieses Auszugs aus der Unabhängigkeitserklärung den Einfluss der Aufklärung auf die Amerikanische Revolution heraus. (↑S. 7–9, 20f., 26)

Anforderungsbereich III

- Beurteilen Sie anhand eines Vergleichs der amerikanischen Verfassung von 1787 mit der französischen von 1791 den Einfluss der Amerikanischen auf die Französische Revolution. (↑S. 20f., 26f.)
- Bewerten Sie am Fall der Amerikanischen Revolution die These, es bestehe ein zwangsläufiger Zusammenhang zwischen Wirtschaftsliberalismus und Befürwortung der Demokratie. (↑S. 16–21, 56)
- Stellen Sie die Position des Autors zur Amerikanischen Revolution dar.
- Bewerten Sie den Einfluss der Aufklärung auf die Amerikanische Revolution. (↑S. 7–9, 16–21)
- Diskutieren Sie anhand der Rede des Präsidenten zum Jahrestag der Unabhängigkeitserklärung die Bedeutung der Amerikanischen Revolution für das Nationalgefühl der Amerikaner. (↑S. 16–21)

3.4 Prüfungsaufgaben zur Französischen Revolution

Anforderungsbereich I

- Beschreiben Sie das Ancien Régime. (↑S. 23)
- Skizzieren Sie die verschiedenen Phasen der Französischen Revolution. (↑S. 24–32)
- Fassen Sie die Verfassungsbestimmungen von 1791 und 1793 zusammen. (↑S. 26 f., 31)
- Schildern Sie die Koalitionskriege, indem Sie ihnen die „levée en masse“ gegenüberstellen. (↑S. 28 f.)
- Zeigen Sie das Herrschaftssystem Napoleons in Frankreich und Europa auf. (↑S. 32)

Anforderungsbereich II

- Ordnen Sie die Quelle in den Prozess der Errichtung der konstitutionellen Monarchie ein. (↑S. 24–27)
- Charakterisieren Sie die Haltung der Girondisten im Hinblick auf ihre soziale Herkunft. (↑S. 27 f.)
- Erläutern Sie anhand der Quelle die Position der Jakobiner. (↑S. 28, 30 f.)
- Begründen Sie die vom Autor hier vorgebrachte These, die Jakobiner hätten die Ideale der Französischen Revolution verraten. (↑S. 28, 30 f.)
- Erläutern Sie, warum das Kaisertum Napoleons auf Akzeptanz stieß. (↑S. 32)

Anforderungsbereich III

- Beurteilen Sie die Forderungen, die in diesem Cahier de doléance erhoben werden, und stellen Sie sein Ziel dar. (↑S. 24 f.)
- Setzen Sie sich mit der Wertung, die der Ballhausschwur hier erfährt, kritisch auseinander. (↑S. 25)

- Entwickeln Sie aus einer Analyse der Erklärung der Menschen- und Bürgerrechte den Einfluss der Aufklärung auf die erste Phase der Französischen Revolution. (↑S. 6–9, 26)
- Überprüfen Sie die aus dem Unterricht bekannte Definition von Revolution am Fallbeispiel der Französischen Revolution. (↑S. 22–33)
- Vergleichen Sie die Französische mit der Englischen Revolution. (↑S. 20 f., 26 f.)

3.5 Prüfungsaufgaben zu Napoleon und Deutschland

Anforderungsbereich I

- Zeigen Sie die Verfassungsstruktur des Heiligen Römischen Reichs Deutscher Nation auf. (↑S. 35 f.)
- Skizzieren Sie die Rolle des Rheinbunds bei der Auflösung des Reichsverbands. (↑S. 35 f.)
- Nennen Sie die preußischen Reformer und zählen Sie ihre Reformmaßnahmen auf. (↑S. 37 f.)
- Schildern Sie die ökonomischen und gesellschaftlichen Auswirkungen der preußischen Reformen. (↑S. 37 f.)
- Zählen Sie wichtige Stationen der Befreiungskriege auf. (↑S. 39)

Anforderungsbereich II

- Erklären Sie den Prozess der Auflösung des Heiligen Römischen Reichs als eine Folge der napoleonischen Besatzung. (↑S. 32, 34–36)
- Erläutern Sie aus der Quelle die Motive, die den Freiherrn vom und zum Stein bewegten. (↑S. 37 f.)
- Stellen Sie die Ideale und Ordnungsvorstellungen der preußischen Reformer den Idealen von Hobbes, Locke und Rousseau gegenüber. (↑S. 6–9, 37 f.)

- Arbeiten Sie die nationale Komponente der Befreiungskriege und die Rolle Preußens dabei heraus. (↑S. 39)
- Untersuchen Sie die Folgen der Befreiungskriege für die Machtkonstellation in Europa. (↑S. 32, 39)

Anforderungsbereich III

- Vergleichen Sie die Ideale und Ordnungsvorstellungen der preußischen Reformer mit den Idealen der Aufklärung. (↑S. 6–9, 37 f.)
- Bewerten Sie den Ansatz des Freiherrn vom Stein, auf Tradition und Evolution statt auf Revolution zu setzen. (↑S. 37 f.)
- Beurteilen Sie die Realisierungs- und Erfolgschancen der preußischen Reformen. (↑S. 37 f.)
- Bewerten Sie das Verhalten Preußens im Konflikt mit Napoleon 1806–1813. (↑S. 36, 39)
- Beurteilen Sie anhand der Ereignisse in Deutschland im Zeitraum zwischen 1803 und 1815 die These, im Europa des 19. Jahrhunderts habe die Geschichte eine Nationalisierung erfahren. (↑S. 34–39)

3.6 Prüfungsaufgaben zu Restauration und Revolution (1815–1849)

Anforderungsbereich I

- Schildern Sie die wichtigsten Bestimmungen der Wiener Kongressakte. (↑S. 41 f.)
- Fassen Sie die Ausführungen Metternichs zur Ablehnung der Revolution zusammen. (↑S. 41–43)
- Zählen Sie wichtige Stationen des Vormärz auf. (↑S. 46)
- Beschreiben Sie das Geschichtsverständnis der Romantik. (↑S. 42 f.)
- Skizzieren Sie die Positionen in der Paulskirchenversammlung zur nationalen Frage. (↑S. 48 f.)

Anforderungsbereich II

- Analysieren Sie die Quelle hinsichtlich des in ihr formulierten Geschichtsverständnisses der Romantik. (↑S. 42 f.)
- Ordnen Sie die Haltung von Ernst Moritz Arndt in die Entwicklung der liberalen Bewegung ein. (↑S. 44 f.)
- Erläutern Sie die Ausführungen von Gagerns zum Erbkaisertum. (↑S. 47–49)
- Charakterisieren Sie die Paulskirchenverfassung im Hinblick auf die deutsche Frage. (↑S. 48 f.)
- Ordnen Sie die Haltung des Autors zur deutschen Frage politisch ein. (↑S. 49)

Anforderungsbereich III

- Beurteilen Sie das Verhältnis des Demokraten Ruge zur liberalen Bewegung. (↑S. 44 f., 48 f., 51)
- Vergleichen Sie die landständischen Verfassungen mit denen von 1830/31 im Hinblick auf den Rang, den sie dem monarchischen Prinzip zuweisen. (↑S. 45 f.)
- Beurteilen Sie die These des Autors, nach der die Paulskirchenrevolution habe zwangsläufig scheitern müssen. (↑S. 47–51)
- Entwickeln Sie aus einer Analyse der beiden konträren Quellenpositionen zum Erbkaisertum eine eigene Deutung der Faktoren, die zum Scheitern der Revolution führten. (↑S. 47–49, 51)
- Nehmen Sie Stellung zu dem hier geäußerten Urteil, das Bürgertum habe in der Märzrevolution versagt, indem Sie sich an den realen Möglichkeiten im Deutschen Bund orientieren. (↑S. 43–51)
- Vergleichen Sie Ursachen, Träger und Ziele der ersten Phase der Französischen Revolution und der Revolution von 1848. (↑S. 23–27, 40–53)

3.7 Prüfungsaufgaben zur Industriellen Revolution

Anforderungsbereich I

- Nennen Sie die Voraussetzungen für den Durchbruch der Industriellen Revolution in England. (↑S. 55–57)
- Schildern Sie die Maßnahmen, durch die Preußen im Deutschen Bund der Vorreiter der Industrialisierung wurde. (↑S. 57 f.)
- Beschreiben Sie drei unterschiedliche Lösungsansätze zur sozialen Frage. (↑S. 60–63)
- Fassen Sie Entstehung und Entwicklung der Arbeiterbewegung zusammen. (↑S. 61)
- Zählen Sie die Phasen der Industrialisierung in Deutschland auf. (↑S. 57–59)

Anforderungsbereich II

- Erklären Sie die Voraussetzungen für den Durchbruch der Industrialisierung. (↑S. 54–58)
- Arbeiten Sie die Haltung von Adam Smith zu staatlichen Eingriffen in die Wirtschaft auf Basis der Quelle heraus. (↑S. 56)
- Begründen Sie die These des Autors, der Ausschluss Österreichs aus dem Deutschen Zollverein stelle eine Vorentscheidung im preußisch-österreichischen Dualismus dar. (↑S. 58, 65 ff.)
- Erläutern Sie die Entstehung des „vierten Standes“ durch die Industrialisierung. (↑S. 59)
- Stellen Sie die Positionen gegenüber, die Harkort und Lassalle zur sozialen Frage vertreten. (↑S. 60–63)

Anforderungsbereich III

- Setzen Sie sich mit der These Max Webers, nach der ein innerer Zusammenhang zwischen calvinistischer Arbeitsethik und dem Durchbruch der Industrialisierung besteht, kritisch auseinander.

- Prüfen Sie, ob es einen Zusammenhang zwischen Preußens Dominanz im Deutschen Zollverein und seinem Sieg in der Auseinandersetzung mit Österreich gibt. (↑S. 58, 65–71)
- Überprüfen Sie die Aussagen von Engels zur historischen Bedeutung des Proletariats anhand der Entwicklung der Arbeiterbewegung in Deutschland. (↑S. 61–63)
- Lassalle und Bebel kommen zu unterschiedlichen Einschätzungen hinsichtlich der Möglichkeiten, die Industriearbeitern zur Verfügung stehen, um ihre Lage aus eigener Kraft zu ändern. Nehmen Sie dazu Stellung. (↑S. 61)
- Beurteilen Sie die Industrielle Revolution: Fortschritt oder Ökonomisierung des Einzelnen und der Gesellschaft? Legen Sie Ihre Kriterien dar. (↑S. 54–63)

3.8 Prüfungsaufgaben zur Reichsgründung und Ära Bismarcks

Anforderungsbereich I

- Schildern Sie die Etappen der Entstehung des deutschen Kaiserreichs. (↑S. 65–71)
- Skizzieren Sie den Heereskonflikt. (↑S. 68–70)
- Fassen Sie die in der Quelle dargelegte Vorgeschichte des Deutsch-Französischen Kriegs zusammen. (↑S. 70 f.)
- Zählen Sie die Stationen des Kulturkampfs auf. (↑S. 74 f.)
- Beschreiben Sie Bismarcks Umgang mit den Parteien während seiner Kanzlerschaft. (↑S. 73–76)

Anforderungsbereich II

- Charakterisieren Sie die Verfassung des Deutschen Reichs von 1871 im Vergleich mit der Reichsverfassung der Nationalversammlung von 1849. (↑S. 48 f., 72 f.)

- Erklären Sie Bismarcks Bündnispolitik. (↑S. 76f.)
- Stellen Sie die Außenpolitik Bismarcks der unter Wilhelm II. gegenüber. (↑S. 76f., 81)
- Erläutern Sie, ausgehend von der Quelle, Bismarcks Umgang mit den Parteien und seine Einstellung zum Parlamentarismus. (↑S. 73–76)
- Arbeiten Sie mithilfe der Materialien die Mentalität der Gesellschaft des Kaiserreichs heraus. (↑S. 82f.)

Anforderungsbereich III

- Bewerten Sie die Dominanz Bismarcks für die Rolle und das Selbstverständnis der Parteien im Kaiserreich. (↑S. 73f., 76)
- Überprüfen Sie die „Stimmigkeit" von Bismarcks Bündnissystem. (↑S. 76, 77)
- Erörtern Sie die hier vertretene These vom deutschen Sonderweg. (↑S. 71–76)
- Setzen Sie sich mit der vom Autor vertretenen Einschätzung Bismarcks auseinander. (↑S. 71, 73–77)
- Diskutieren Sie mögliche Auswirkungen der Reichsgründung „von oben" auf die liberale und nationale Bewegung in Deutschland. (↑S. 39, 44f., 48–51, 65–71, 73f., 82f.)

3.9 Prüfungsaufgaben zur Ära Wilhelms II., zum Imperialismus und Ersten Weltkrieg

Anforderungsbereich I

- Schildern Sie anhand der Quellen sozioökonomische Struktur und Mentalität der Gesellschaft des Kaiserreichs. (↑S. 82f.)
- Skizzieren Sie den Verlauf der imperialistischen Expansion in Afrika. (↑S. 84–87)
- Zählen Sie die Stationen der außenpolitischen Isolierung Deutschlands in der Ära Wilhelms II. auf und nennen

Sie die Ursachen und den Anlass für den Kriegsausbruch. (↑S. 81, 87–89)

- Schildern Sie den Verlauf des Ersten Weltkriegs in groben Zügen. (↑S. 90–93)
- Skizzieren Sie den Verlauf der Novemberrevolution in ihren Hauptlinien. (↑S. 94 f.)

Anforderungsbereich II

- Analysieren Sie Deutschlands außenpolitische Position in der Ära nach Bismarck bis 1914. (↑S. 81, 87 f.)
- Stellen Sie in Grundzügen die Innen- und Außenpolitik Bismarcks derjenigen Wilhelms II. gegenüber. (↑S. 73–77, 81)
- Arbeiten Sie heraus, wie in der Quelle der britische Imperialismus legitimiert wird. (↑S. 85, 96 f.)
- Widerlegen Sie die Argumentation des DDR-Autors zu den Triebkräften der imperialistischen Expansion. (↑S. 83–87)
- Erklären Sie die Neuartigkeit des Ersten Weltkriegs im Vergleich mit traditionellen Kriegen. (↑S. 90–93)

Anforderungsbereich III

- Vergleichen Sie Ziele, Herrschaftsweise und Legitimierung des britischen und französischen Imperialismus. (↑S. 85 f., 96 f.)
- Diskutieren Sie die drei wesentlichen Imperialismustheorien. (↑S. 96 f.)
- Überprüfen Sie, inwieweit die These des Autors, der Erste Weltkrieg habe mit Notwendigkeit ausbrechen müssen, stichhaltig ist. (↑S. 83 Militarismus, 87–90)
- Beurteilen Sie die Auswirkungen des „totalen" Kriegs auf die „Heimatfront". (↑S. 91 f.)
- Erörtern Sie, inwiefern sich die Spaltung der Revolutionäre in eine gemäßigte und eine radikale Richtung auf den Verlauf der Novemberrevolution auswirkte. (↑S. 94 f.)

3.10 Prüfungsaufgaben zu den russischen Revolutionen

Anforderungsbereich I

- Fassen Sie die Merkmale der russischen Autokratie um 1900 zusammen. (↑S. 99)
- Skizzieren Sie Ursachen, Anlass, Verlauf und Ergebnis der Revolution von 1905. (↑S. 99 f.)
- Zeigen Sie die Entwicklung der Opposition im Zarenreich bis zur Spaltung der Sozialdemokratischen Arbeiterpartei auf. (↑S. 99–101)

Anforderungsbereich II

- Erläutern Sie die Gründe für den Sieg Lenins und der Bolschewiki in der Oktoberrevolution. (↑S. 100 f.)
- Ordnen Sie die Dekrete Lenins von 1917 in die von ihm vertretene Programmatik ein und untersuchen Sie ihre Auswirkungen. (↑S. 100 f.)

- Arbeiten Sie die programmatischen Abweichungen Lenins vom Marxismus heraus und erklären Sie deren Gründe. (↑S. 62 f., 100 f.)

Anforderungsbereich III

- Nehmen Sie zur leninschen Legitimierung der Diktatur der Bolschewiki Stellung. (↑S. 100 f.)
- Vergleichen Sie die Oktoberrevolution und die Schreckensherrschaft der Jakobiner hinsichtlich der Ziele und Praktiken sowie der sozialen Herkunft der Revolutionäre. (↑S. 30 f., 100 f.)
- Vergleichen Sie die Oktoberrevolution in Russland und die Novemberrevolution in Deutschland und legen Sie Ihre Vergleichskriterien dar. (↑S. 94 f., 100 f.)

3.11 Prüfungsaufgaben zur Weimarer Republik

Anforderungsbereich I

- Nennen Sie die Bestimmungen des Versailler Vertrages. (↑S. 103)
- Schildern Sie die schwierigen Anfangsjahre der Weimarer Republik bis 1923. (↑S. 105–107)
- Beschreiben Sie die Einstellung der SPD, des Zentrums, der DDP, DVP, DNVP, NSDAP und der KPD zur Demokratie. (↑S. 108 f.)
- Zählen Sie die außenpolitischen Vereinbarungen einschließlich derjenigen zur Leistung der Reparationen auf. (↑S. 109–111, 115)
- Skizzieren Sie die Entwicklung, die die NSDAP während der Weimarer Republik durchlaufen hat. (↑S. 107 f., 114–117)

Anforderungsbereich II

- Arbeiten Sie auf Basis des Quellenmaterials Merkmale der drei Phasen der Weimarer Republik heraus. (↑S. 104–107, 109–117)
- Begründen Sie die Beurteilung Stresemanns als eines Vernunftrepublikaners, indem Sie seine Außenpolitik untersuchen. (↑S. 109 f.)
- Erläutern Sie die politischen und ökonomischen Ziele Brünings. (↑S. 114 f.)
- Ordnen Sie die Tagebuchaufzeichnung Görings zum Verhalten der NSDAP im Reichstag in das Vorgehen der NSDAP vor und nach dem Hitlerputsch ein. (↑S. 107, 113–117)
- Analysieren Sie die Ursachen für den Aufstieg der NSDAP. (↑S. 114–117)
- Erläutern Sie die Ursachen für die Verlagerung der politischen Auseinandersetzungen „auf die Straße“ in der Endphase der Weimarer Republik. (↑S. 105, 115–117)

Anforderungsbereich III

- Vergleichen Sie die Weimarer Verfassung und die Paulskirchenverfassung im Hinblick auf ihren demokratischen Charakter. (↑S. 48 f., 104 f.)
- Bewerten Sie die in der Quelle dargelegte Haltung des Reichspräsidenten Hindenburg zur Weimarer Republik. (↑S. 106, 115–117)
- Beurteilen Sie das Verhalten von SPD und DVP beim Auseinanderbrechen der Großen Koalition 1930. (↑S. 108, 114)
- Stellen Sie dar, inwieweit es die Weimarer Republik entlastet hat, dass sie infolge des Ersten Weltkrieges entstanden ist. (↑S. 94 f., 105–111)
- Interpretieren Sie die Aussagen des Autors zur Zwangsläufigkeit des Untergangs der Weimarer Republik. (↑S. 117)

3.12 Prüfungsaufgaben zu Diktaturen und zum Zweiten Weltkrieg

Anforderungsbereich I

- Zählen Sie die Merkmale der faschistischen und der stalinistischen Diktatur auf. (↑S. 122–125)
- Skizzieren Sie die Stationen der Machtergreifung der NSDAP. (↑S. 125 f.)
- Beschreiben Sie die Struktur des Führerstaats (NS-Staats). (↑S. 125–128)
- Fassen Sie die Etappen der Verfolgung und Vernichtung der Juden im Dritten Reich zusammen. (↑S. 136 f.)
- Nennen Sie Gruppierungen des Widerstands gegen die nationalsozialistische Herrschaft. (↑S. 138)
- Schildern Sie die Auswirkung des Kriegseintritts der USA im Dezember 1941. (↑S. 140 f.)

Anforderungsbereich II

- Untersuchen Sie Inhalte, Methoden und Ziele der nationalsozialistischen Indoktrination am Beispiel dieser Quelle zur HJ. (↑S. 128–130)
- Weisen Sie anhand der Quelle die Übereinstimmung der faschistischen Herrschaftsstruktur mit der Ideologie nach. (↑S. 122)
- Analysieren Sie Struktur und Auswirkungen der „Gleichschaltung" der Bevölkerung im Dritten Reich. (↑S. 128 f.)
- Erklären Sie die wesentlichen Merkmale der nationalsozialistischen Ideologie. (↑S. 130 f.)
- Erläutern Sie die nationalsozialistische Ideologie an der Praxis der Judenverfolgung und der Gleichschaltung. (↑S. 128 bis 131, 136 f.)
- Stellen Sie den Ausführungen Hitlers zum friedlichen Charakter der nationalsozialistischen Außenpolitik deren Stationen bis zum Beginn des Zweiten Weltkriegs gegenüber. (↑S. 133–135)

Anforderungsbereich III

- Vergleichen Sie Aufbau und Ideologie des faschistischen (z. B. des italienischen) und des nationalsozialistischen Staates. (↑S. 122 f., 127–131)
- Stellen Sie dar, inwiefern die Entfesselung des Zweiten Weltkriegs Ziel der nationalsozialistischen Ideologie und Außenpolitik war. (↑S. 130–134)
- Nehmen Sie Stellung zur Rolle Hitlers im Gefüge des NS-Staats und zum Verhältnis von Partei und Staat. (↑S. 127)
- Diskutieren Sie die intentionalistische Deutung der Rolle Hitlers im Dritten Reich. (↑S. 126 f.)
- Entwickeln Sie die Ursachen für die überwiegende Akzeptanz der nationalsozialistischen Diktatur in der Bevölkerung bis zum „Endsieg". (↑S. 117, 128 f., 132, 137)

- Beurteilen Sie die vom Autor verfochtene These vom deutschen „Sonderweg“ von Bismarck zu Hitler. (↑S. 64–77, 107, 114–141)

3.13 Prüfungsaufgaben zu Deutschland nach 1945

Anforderungsbereich I

- Zeigen Sie die wichtigsten Stationen der Ausformung der Nachkriegsordnung bis zur Gründung der beiden deutschen Teilstaaten auf. (↑S. 143–149)
- Skizzieren Sie die Einbeziehung der westlichen Zonen in den Westen und der SBZ in den Ostblock. (↑S. 144–149)
- Schildern Sie den „Aufbau des Sozialismus“ in der Ära Ulbricht. (↑S. 155 f.)
- Nennen Sie die wesentlichen Stationen der Westintegration der BRD. (↑S. 150)
- Fassen Sie die Merkmale der Ära Honecker zusammen. (↑S. 156)
- Schildern Sie die Entwicklung der Parteienlandschaft in der BRD von 1949 bis 1991. (↑S. 154, 157)
- Beschreiben Sie die Behandlung der deutschen Frage in der Deutschland- und Außenpolitik der BRD bis 1989. (↑S. 151 f., 158 f.)

Anforderungsbereich II

- Ordnen Sie diesen Auszug der Frankfurter Dokumente in die Entstehungsgeschichte der Bundesrepublik ein. (↑ S. 145 bis 147)
- Erläutern Sie anhand des vorliegenden Auszugs der Rede Brandts die Ziele der Ostpolitik der sozialliberalen Regierung. (↑S. 151 f.)

- Arbeiten Sie mithilfe der Materialien die Ursachen des „Wirtschaftswunders" und seine Bedeutung für die Identifikation der Bevölkerung der Bundesrepublik mit der BRD heraus. (↑S. 152 f.)
- Begründen Sie die Bezeichnung der DDR-Gesellschaft als Nischengesellschaft. (↑S. 155 f.)
- Analysieren Sie den Charakter der 68er-Revolte anhand des Quellenmaterials. (↑S. 154)
- Untersuchen Sie anhand des vorgelegten Lebenslaufs exemplarisch die Möglichkeiten der politischen Partizipation in der DDR. (↑S. 155 f.)
- Ordnen Sie den Bau der Berliner Mauer in die Entwicklung des deutsch-deutschen Verhältnisses von 1949 bis 1989 ein. (↑S. 151 f., 155–159)

Anforderungsbereich III

- Vergleichen Sie die Wirtschaftslehre von Adam Smith mit Erhards Konzept der sozialen Marktwirtschaft. (↑S. 56, 152 f.)
- Überprüfen Sie die mutmaßlichen Motive der Stalinnoten. (↑S. 158 f.)
- Bewerten Sie die Bedeutung der 68er-Bewegung, indem Sie besonders ihr Verhältnis zur NS-Vergangenheit und die von ihr praktizierten Methoden untersuchen. (↑S. 154)
- Interpretieren Sie die Begründung, die Adenauer für die Westintegration der BRD anführte. (↑S. 150 f.)
- Vergleichen Sie die Struktur der Parteienlandschaft in der BRD 1949–2005 mit derjenigen in der Weimarer Republik. (↑S. 108, 154)
- Bewerten Sie die Haltung Bärbel Bohleys zur Vereinigung von BRD und DDR. (↑S. 157)
- Beurteilen Sie den von der Regierung Kohl eingeschlagenen Weg zur deutschen Vereinigung vor dem Hintergrund der internationalen Konstellation. (↑S. 157, 175 f.)

3.14 Prüfungsaufgaben zu internationalen Entwicklungen nach 1945

Anforderungsbereich I

- Skizzieren Sie wichtige Stationen der Entstehung des Ost-West-Konflikts vom Auseinanderbrechen der Anti-Hitler-Koalition bis 1955. (↑S. 140, 161–163)
- Fassen Sie Ursachen, Verlauf und Ergebnisse des Koreakriegs zusammen. (↑S. 169 f.)
- Zeigen Sie die Entwicklungslinien innerhalb des Ostblocks unter Chruschtschow und Breschnew auf. (↑S. 164–166)
- Schildern Sie Ursachen, Anlass, Verlauf und Ergebnis des Volksaufstands in Ungarn 1956. (↑S. 164 f.)
- Nennen Sie Verhandlungen und Verträge zur Rüstungsbegrenzung. (↑S. 174)
- Schildern Sie den Prozess der Entkolonialisierung am Beispiel der Auflösung des französischen Kolonialreichs. (↑S. 176–178)
- Beschreiben Sie den Verlauf des Nahostkonflikts und gehen Sie dabei besonders auf den Widerstand der Palästinenser ein. (↑S. 180–183)
- Zählen Sie die Stationen der europäischen Einigung von der Montanunion bis zur Gründung der Europäischen Union auf. (↑S. 183–186)
- Skizzieren Sie die Entwicklung der Menschenrechte in der Neuzeit. (↑S. 188 f.)

Anforderungsbereich II

- Erläutern Sie den Wechsel von Stalins „Zwei-Welten-Theorie“ zur Strategie der „friedlichen Koexistenz“ durch Chruschtschow. (↑ S. 161–165)
- Ordnen Sie den Koreakrieg und die Kubakrise in den Ost-West-Konflikt ein. (↑S. 169–171)
- Untersuchen Sie die Motive für den Wechsel der außen-

politischen Doktrinen der USA im Verhältnis zum Ostblock bis zum Ende der Präsidentschaft J. F. Kennedys. (↑S. 145, 166 f.)

- Erläutern Sie, inwiefern es mit dem sowjetischen Einmarsch in Afghanistan 1979 zu einer erneuten Verschärfung des Ost-West-Konflikts kam und wodurch diese überwunden werden konnte. (↑S. 164, 168, 175 f.)
- Charakterisieren Sie die Strategie der Abrüstung im Rahmen des Kalten Kriegs. (↑S. 173 f.)
- Stellen Sie die in den Quellen erkennbaren Positionen des ehemaligen Mutterlands Frankreich denen der algerischen Nationalisten gegenüber. (↑S. 176–178)
- Arbeiten Sie auf Basis der Quelle den Gegenstand des Nahostkonflikts heraus. (↑S. 180–183)
- Erklären Sie Triebkräfte und Hemmnisse für die Integration Europas von 1949 bis zur Gegenwart. (↑S. 183–186)
- Arbeiten Sie heraus, inwiefern Vertiefung der Integration und Erweiterung der EU in einem Spannungsverhältnis zueinander stehen. (↑S. 186 f.)
- Erläutern Sie unter Bezugnahme auf die „Allgemeine Erklärung der Menschenrechte" den Begriff der Menschenrechtsverletzungen. (↑S. 189)

Anforderungsbereich III

- Entwickeln Sie die ideellen und machtpolitischen Grundzüge des Ost-West-Konflikts im Zeitraum von 1945 bis 1982. (↑S. 161–174)
- Beurteilen Sie den Vietnamkrieg in seinen Auswirkungen auf das Selbstverständnis und das Ansehen der USA. (↑S. 171 f.)
- Vergleichen Sie die nationalen und internationalen Folgen des Vietnamkriegs und des Irakkriegs für das Selbstverständnis und das Ansehen der USA und berücksichtigen Sie dabei die Entstehungsgeschichte der beiden Kriege. (↑S. 16–21, 172)

- Vergleichen Sie die Entwicklung des innerdeutschen Verhältnisses mit der Entwicklung des Verhältnisses der Supermächte zueinander. (↑S. 151–157, 159, 162–169)
- Stellen Sie die Strategie der Abrüstung in ihren verschiedenen Phasen dar. (↑S. 173 f.)
- Bewerten Sie das heutige Verhältnis Frankreichs zu seiner ehemaligen Kolonie Algerien vor dem Hintergrund der Kolonialgeschichte. (↑S. 176–178)
- Setzen Sie sich mit der Problematik des Nahostkonflikts auseinander. (↑S. 180–183)
- Vergleichen Sie die Rolle Berlins und die Rolle Jerusalems als den städtischen „Brennpunkten" im Ost-West-Konflikt bzw. im Nahostkonflikt seit 1945 bzw. seit 1948. (↑S. 146, 156, 158 f., 180–183)
- Interpretieren Sie das deutsch-französische Verhältnis seit 1945 anhand der Entwicklung des europäischen Einigungsprozesses. (↑S. 183–186)
- Erörtern Sie folgende These: „Gemeinsame Staatsanleihen im Euroraum würden die Refinanzierungsprobleme hoch verschuldeter Staaten lösen und den Staaten neben der Haushaltskonsolidierung Investitionen zur Modernisierung ihrer Wirtschaft ermöglichen."
- Setzen Sie sich mit der Frage auseinander, ob die Menschenrechte universell gelten oder sich kulturellen Gegebenheiten unterordnen müssen.

Bibliografische Information der Deutschen Nationalbibliothek
Die Deutsche Nationalbibliothek verzeichnet diese Publikation in der Deutschen Nationalbibliografie; detaillierte bibliografische Daten sind im Internet über http://dnb.d-nb.de abrufbar.

3., aktualisierte Auflage

Bibliographisches Institut GmbH, Mecklenburgische Straße 53, 14197 Berlin

Redaktionelle Leitung Heike Krüger-Beer
Redaktion Verena Artz, Gabi Gumbel
Autoren Krista Düppengießer, Joachim Charles McGready

Herstellung Annette Scheerer
Typografisches Konzept Horst Bachmann
Umschlaggestaltung Michael Acker
Bildrechte Umschlag innen akg-images, Berlin/Erich Lessing: Pariser Verträge; The Associated Press, Frankfurt am Main: Fall der Berliner Mauer; picture-alliance/akg-images, Frankfurt am Main: Gründung der DDR, Potsdamer Abkommen; picture-alliance/dpa, Frankfurt am Main: Deutsche Einheit, Grundlagenvertrag, Gründung der BRD, INF-Vertrag, Schlussakte von Helsinki, Truman-Doktrin, Warschauer Vertrag, Zwei-plus-vier-Vertrag

Satz BUCHprojekt, Ernen (Schweiz)
Druck und Bindung CPI books GmbH, Birkstraße. 10, 25917 Leck
Printed in Germany

ISBN 978-3-411-70943-4
Auch als E-Book erhältlich unter: ISBN 978-3-411-90705-2
www.duden.de